学好弟子规 提升职业素养

汲取古圣先贤的智慧，知廉耻、懂荣辱、辨是非，品味得失和甘苦人生，做有素养、有尊严、有责任感、有感恩之心的职场贵人。

个人的成就就在一言一行中积累形成，企业的兴盛就在一德一道中得以延续。

人民日报出版社

图书在版编目（CIP）数据

学好《弟子规》 提升职业素养 / 张小冰，毛雨编
著. --北京：人民日报出版社，2017.6
ISBN 978-7-5115-4798-9

Ⅰ.①学… Ⅱ.①张…②毛… Ⅲ.①古汉语 - 启蒙
读物 Ⅳ.①H194.1

中国版本图书馆 CIP 数据核字（2017）第 160730 号

书　　名：	学好《弟子规》 提升职业素养
作　　者：	张小冰　毛雨
出 版 人：	董　伟
责任编辑：	刘天一
封面设计：	陈国风
出版发行：	人民日报出版社
地　　址：	北京金台西路2号
邮政编码：	100733
发行热线：	（010）65369527　65369846　65369509　65369510
邮购热线：	（010）65369530　65363527
编辑热线：	（010）65369844
网　　址：	www.peopledailypress.com
经　　销：	新华书店
印　　刷：	北京柯蓝博泰印务有限公司
开　　本：	710mm×1000mm　1/16
字　　数：	190 千字
印　　张：	14.25
印　　次：	2017 年 9 月第 1 版　2017 年 9 月第 1 次印刷
书　　号：	ISBN 978-7-5115-4798-9
定　　价：	39.60 元

前言

  《弟子规》是一部成书于清朝并且广为流传的一种儿童启蒙读物，为清朝康熙年间秀才李毓秀所作。其内容采用《论语》"学而篇"第六条"弟子入则孝，出则悌，谨而信，泛爱众，而亲仁，行有余力，则以学文"的文义，以三字为一句、两句为一韵的形式编纂而成，阐释了"弟子"在家、在外、养正、修德、待人接物、为人处世、求学等方面所应具备的一些礼仪与规范。后经清朝贾存仁修订改编，并改名为《弟子规》。其中记录了孔子的108项言行，共有360句、1080个字，三字一句，两句或四句连意，合辙押韵，朗朗上口。全篇先为"总叙"，然后分为"入则孝、出则悌、谨、信、泛爱众、亲仁、余力学文"七个部分。主要目的就是对孩子进行启蒙养正教育，促其尊长尽职，防邪存诚，养成忠厚品格，提高自身素质，为其将来的成长与发展奠定一定的基础。

  《弟子规》中的"弟子"，并非单指在校学习的学生或家中的兄弟子侄，而是泛指所有需要学习这些礼仪和规范的人。《弟子规》是为人处世的教育，是以先贤圣人之言教导后人立身做人的礼仪和规范。它告诉人们如何立身、待人、处世、养德，如何从孝开始，尊重他人、感恩他人，如何谨慎谦虚、诚实守信，如何心存仁爱、厚道善良，如何亲近贤达、远离小人，如何学习进取、努力上进。接受它的熏陶，就是要把圣人教诲训示贯彻落实到学习、工作和生活的一言一行之中。

在今天，对于职场员工来说，《弟子规》是员工职业成长的必修课。在职场里学习《弟子规》，不仅可以有效提高职场员工的道德素质，而且可以有效提升他们的职业素养并促进其职业成长。显然，学好、用好《弟子规》，是每一位职场员工立足职场、立足社会的重要"法宝"。为更好地帮助职场员工学习《弟子规》的内容，引导他们领会《弟子规》的精髓，从《弟子规》中汲取职业成长的营养，提升自我职业素养，我们编写了本书。本书深入探讨《弟子规》思想内涵对职场的启示，列举具体职场案例加以分析，并且提出相关建议，以期指导和约束职场人在职场社会中的言行，使他们通过对《弟子规》和本书的研习，提升自身的品行修养，更加理解和懂得在职场中为人处世的规则，为自己事业的发展打下良好的基础，在职场的道路上走得更加顺畅。本书源于《弟子规》，是《弟子规》在现代职场的延伸，更是一部职场生存和发展的智慧宝典，终将带你穿越职场迷雾，走向成功。

一本好书可以开启智慧的大门，一本有价值的书可以成就梦想。真诚期望本书能为广大职场员工提供一些有价值的营养，成为职场员工提升个人修养和职业素养、增强自身职场竞争力、立足职场社会的重要指导手册。

目录 Contents

第一章 总叙：圣训养正，防邪存诚

《弟子规》是一本集中国传统文化的精华，以学规、学则的形式，三言成语的体例，浓缩了八德（孝、悌、忠、信、礼、义、廉、耻）知识的教育范本，内涵极其丰富深刻。总叙是对全文的一个总的概括，取圣人之言，教弟子品行。

002	1. 圣人之训，为人之本
006	2. 弟子之规，职场之基
008	3. 知行合一，修身养性
011	4. 进德学文，优秀法门

第二章 入则孝：孝亲敬上，忠诚负责

"入则孝"，对孝道做了较为详尽的阐述，从作为子女如何对待父母的"呼、命、教、责"；在家时"冬温夏清""晨省昏定""出告反面"，到"毋以事小而擅为之""毋以物小而私藏之"等，要求从细节做起，在一言一行中尽孝尽顺。将"入则孝"应用于职场

处事中，则要求职场员工要尊敬、尊重上司，为人忠诚负责，这是职场员工必须面对的社会课题。

016   1. 孝敬父母，尊敬领导
020   2. 身在职场，敬业第一
023   3. 忠诚负责，认真工作
027   4. 敏于行动，多听多问
031   5. 遵规守纪，不越雷池
034   6. 勿贪小利，大局为重

第三章 出则悌：兄友弟恭，团结和谐

"出则悌"一开头就讲"兄道友，弟道恭"，在家里我们首先要做到的就是能跟兄弟姊妹和睦相处。在职场中，我们同样需要悌道精神，而做到悌道，就必须做到友爱和宽容，唯有这样，才可以构建一种和谐向上的职场氛围和一个团结友爱的大集体。

038   1. 恭敬亲善，友爱和睦
042   2. 同事相处，平等尊重
045   3. 服务客户，关心照顾
048   4. 加强沟通，互动交流
051   5. 得理让人，难得糊涂
055   6. 求同存异，化解矛盾
058   7. 团结协作，群而不党

目 录

第四章 谨：谨守礼仪，谦虚谨慎

"谨"是修身的根本。《弟子规》在"谨"这一部分，详细列举了日常生活中常见的一些注意事项，如朝起夜眠，衣冠步履，洒扫应对等，通过特别细小的生活琐事，告诫子弟要处处谨严，慎重小心，不可疏忽随便。其实也就是在特别地强调和告诫子弟为人处世中最为重要的准则，也是儒家人处世精髓——谨守礼仪，谦虚谨慎。轻浮傲慢、锋芒毕露恰恰是儒家处世之禁忌。

- 064   1. 有礼则安，无礼则危
- 067   2. 衣着整洁，仪表端正
- 070   3. 见面问安，微笑相迎
- 074   4. 行事坦荡，不掩不藏
- 077   5. 公私分明，用物规范
- 081   6. 低调谦逊，不骄不傲
- 085   7. 自我反省，日日精进
- 088   8. 礼仪细节，务必遵从

第五章 信：诚实守信，一诺千金

"信"应该是贯穿儒家思想的一条主线，也是《弟子规》中讲述比较深刻的一部分。孔子说"人无信不立"，一个没有信用的人很难在社会立足。所以凡是说出的话，首先要讲究信用。话说得多不如说得少，凡事实实在在，不花言巧语，戒除奸邪巧辩。人贵在诚实守信，贵在一诺千金。

094	1. 先信后言，言出必行
097	2. 言行一致，表里如一
100	3. 真诚待人，不说空话
102	4. 轻易许诺，警惕失信
105	5. 祸从口出，少说多做
108	6. 闻过则喜，有错就改
111	7. 见贤思齐，砥砺自新

第六章 泛爱众：心存善良，厚道宽容

"泛爱众"突出指明了人际交往的标准，教导我们要心存善良，厚道宽容，以仁爱之心对待身边的每一个人。教育人们如何以同理心、慈悲心、自爱心和爱他心，去广泛地爱一切人，学会时时处处与人为善，本着仁爱之心为他人着想，从而营造安宁和谐的氛围。

118	1. 勿揭人短，不扬人恶
122	2. 勿嫌贫富，平等待人
126	3. 与人不争，远离嫉妒
130	4. 乐于助人，成人之美
133	5. 以舍为得，广结善缘
139	6. 己所不欲，勿施于人
141	7. 己立立人，己达达人

目录

第七章　亲仁：亲贤远小，维护正义

"亲仁"是指亲近仁者，然后以师事之，只有这样才能不断提升自己的道德水准、知识水平和人生境界。告诉大家什么样的朋友值得结交、什么样的老师值得亲近。将其内涵意义延伸到职场上，也同样适用。"近朱者赤，近墨者黑"，亲近有才能的贤人，疏远阿谀奉承的小人。

148	1. 处世端方，为人正直
152	2. 不谄不媚，不卑不亢
156	3. 亲近贤达，远离小人
160	4. 保持自我，不同流俗
162	5. 努力工作，力求圆满
167	6. 不找借口，不避责任

第八章　余力学文：终身学习，不断进取

"学文"乃人的自身素养的升华，亦是企业发展的核心竞争力。《弟子规》中"余力学文"就是教导人们在做到孝、悌、谨、信、泛爱众、亲仁等德行的同时，要用功读书，不断充实自己，学文与力行真正地做到知行合一，提升自己的精神生活品质，推动人生不断精进、进取，直至成功。

174	1. 空杯心态，从头学起
179	2. 读书有方，心到口到

182	3. 学习有道，贵在以恒
185	4. 天道酬勤，久久为功
189	5. 认真踏实，不耻下问
193	6. 举一反三，学以致用
197	7. 终身学习，终身进取

附录

203	1.《弟子规》原文
205	2.《弟子规》文白对照及释义

第一章
总叙：圣训养正，防邪存诚

　　《弟子规》是一本集中国传统文化的精华，以学规、学则的形式，三言成语的体例，浓缩了八德（孝、悌、忠、信、礼、义、廉、耻）知识的教育范本，内涵极其丰富深刻。总叙是对全文的一个总的概括，取圣人之言，教弟子品行。

1 圣人之训,为人之本

《弟子规》一书浓缩了包括孝、悌、忠、信、礼、义、廉、耻等道德方面的知识,是中国优秀传统思想文化的结晶,对广大民众的学习、工作和生活都具有深刻的启示意义和指导意义。《弟子规》采纳《论语》"学而篇"中"弟子入则孝,出则悌,谨而信,泛爱众,而亲仁,行有余力,则以学文"的文意,与儒家经典所传达的思想文化内涵存在着一致性。《弟子规》总叙中写道"弟子规,圣人训。首孝悌,次谨信。泛爱众,而亲仁,有余力,则学文",这里所讲的"圣人训",从狭义上来讲,是指至圣先师孔子的语录;而从广义上来讲,则可以泛指众多具有良好典范作用的古圣先贤的教导。这些"圣人"有一个最重要的共同点,那就是他们都拥有着优秀的道德品质和人格素养,他们立教于后世,值得后人学习,这些"立教"的内容都可以被称为教诲、训诲或训勉。而这里所讲的"圣人",一般是指孔子,他教导我们怎样修身,怎样从自身做起,怎样为人处世。

《弟子规》总叙中说:"弟子规,圣人训,首孝悌,次谨信。泛爱众,而亲仁,有余力,则学文。"这看似短短的一句话,却包含了七个深刻的教育科目,即孝,悌,谨,信,爱众,亲仁,学文,前六项属于德育修养,后一项,即学文,属于智育修养。

总叙"弟子规,圣人训"一句中,"弟子"即学生、子弟之义,圣贤人士的学生都称为弟子,人人都为人子女,人人都为人弟子,所以,"弟子"可以泛指所有的人。"规"就是法度、准则,是做人的道理,也是行为的规范。《弟子规》讲的是弟子应该遵守的规矩和准则,该书

第一章 总叙：圣训养正，防邪存诚

通篇都在讲家庭教育、个人修养和为人处世之道，涵盖了人生方方面面自我约束和自我规范的道理，堪称教育为人处世的第一规。

"弟子规，圣人训"，是《弟子规》一书开篇总叙中的首句，是指《弟子规》是由圣贤之人而作成，学生要有学生的言行规范。这是古代圣贤的训示和教诲，是依据至圣先师孔子的教诲编写而成的，是每一个弟子入门学习的基础。

孔子名丘，字仲尼，春秋时期鲁国人。孔子是我国古代伟大的思想家和教育家，儒家学派的创始人，世界最著名的文化名人之一。后人赞孔子说："天不生仲尼，万古如长夜"，可见孔子在我国时代发展进程中占据举足轻重的地位。孔子最早创立私塾，招收学生。孔子教学生，以儒家典籍为教材，以文、行、忠、信四项科目（即历代的文献、社会的经验、对待别人要忠、与人交往要信）作为主要的教学内容，培养了许多人才。

孔子道德教育的主要内容是"礼"和"仁"。其中"礼"为道德规范，"仁"为最高道德准则。"礼"是"仁"的形式，"仁"是"礼"的内容，有了"仁"的精神，"礼"才真正充实。在道德修养方面，他提出树立志向、克己、践履躬行、内省、勇于改过等方法。"学而知之"是孔子教学思想的主导思想。在主张不耻下问、虚心好学的同时，他强调学习与思考相结合（"学而不思则罔，思而不学则殆"），同时还必须"学以致用"，将学到的知识运用于社会实践。

作为我国历史上最早创办私学的教育家，孔子留下了许多宝贵的思想和经验，对当今教育工作者仍具有积极的借鉴意义。同时，孔子作为我国古代著名的思想家，他的思想也影响了世世代代的中国人。孔子主张仁、义、礼、智、信，这些思想内涵在《弟子规》一书中均有所体现。

孔子的这些教育思想和闪耀着智慧光芒的训示之语,是对其三千弟子的谆谆教诲,也是每一个中国人奉行的为人处世之本。所以《弟子规》开篇第一句就点明,这是圣人之训,也就是指出弟子们要按照圣人之训来规范自己的行为,言行举止要符合"仁"和"礼"的要求,这样才能在社会上立足。

在今天,这样的教诲依然意义重大。在职场这个小社会中,认真诵读和学习《弟子规》,感悟优秀圣贤思想,不仅是为人处世的必修课,也是提升自身的道德品质和职场竞争力的重要参考。

领悟《弟子规》里做人的道理,我们可以从以下三个方面去体会:

第一,做人要懂得感恩。对一个人而言,应该报答的最大恩情是父母的养育之恩,所以《弟子规》第一章就是"入则孝",感恩之心体现在一个"孝"字上,"父母呼,应勿缓;父母命,行勿懒""父母教,须敬听;父母责,须顺承",这些都是我们做儿女的孝顺父母的基本要求,但我们都做到了吗?

《弟子规》中有这样一句话:"亲爱我,孝何难,亲憎我,孝方贤。"它的意思就是:不管父母亲人爱不爱你,你都要尽你做人的孝道,孝敬父母。因为,毕竟是他们给予了我们生命,而且费尽心血养育我们。

学会感恩,就像歌曲《感恩》里所唱:"感恩每一滴水珠,它把我滋养;感恩每一只花朵,它带给我芬芳;感恩每一朵白云,编织我的梦想;感恩每一缕阳光,托起我的希望……"学会感恩,这个世界将会变得更加美丽多彩。我们不仅要感恩父母,还要感恩我们身边的上司、同事、朋友,是他们教会了我们做人的道理,是他们陪伴我们行走于职场,给我们温暖。

第二,待人接物要怀着恭敬之心,为人要谦虚。恭敬与谦虚是分不开的,没有内在的谦虚很难做到对人恭敬。"满招损,谦受益""虚心使人进步,骄傲使人落后",虽然从小就念过许多这样的名言警句,但我们却没有意识到谦虚是一种优秀品质,反而常常争强好胜,骄傲自满。

同时,《弟子规》还要求我们的思想感情要从感性演变到理性,做事情时要三思而后行,所谓"冲动是魔鬼"。明明不必要发生的事情却因为"冲动"而造成严重的后果,造成不必要的各项损失。许多人在单位里与领导、同事总是很难相处,关系不和睦,总在抱怨不公平。通过学习《弟子规》,我们认识到恭敬和谦虚的重要性,人不可有傲慢之心,工作成绩再突出,对领导不够尊重,凡事我行我素,也很难得到领导的认可。所以,每一个职场人都要学会很好地协调好上下级的关系,领悟做人的道理。

第三,要找准自己的人生目标。每个人都应有自己的人生目标,而任何目标都不能只停留在口头上,要真正去力行,"不力行,但学文,长浮华,成何人。不学文,但力行,任己见,昧理真"。要相信一分耕耘一分收获,十分耕耘十分收获。要懂得反省自己,时刻反省自己的言行,做一个真正无愧于心的人!

《弟子规》本身就是一种规范,一种道德品质的规范,同时也是一个让大家去身体力行、自我管理的行为规范。无数的历史事实证明,《弟子规》是无数先人圣贤思想道德的结晶,我们应该认真学习圣人的教导和训示,并用它来严格要求自己、检查自己、反省自己,以期可以有效地将圣人的教诲和训示真正地贯彻到我们实际的学习、生活和工作环境之中,落实到我们的一言一行之中,努力在职场中做一个与时俱进的德高望重的圣贤之人,从而更好地立足职场、立足社会。

弟子之规，职场之基

《弟子规》共1080个字，三字一句，共360句，主要讲述了七个道理：孝、悌、谨、信、泛爱众、亲仁、余力学文，这七个道理能够解决世间的很多问题，包括职场上的许多员工的工作与生活问题、企业管理问题等。因而，《弟子规》不仅是我们的为人之本，也是我们的处世之基，更是立身职场、有所作为的基础和前提，是每一名员工职业成长的必修课，因为它将员工职业成长需要的条件分三个层次，并做出了很好的表述，即要具备传统美德、职业素养、技术能力。传统美德是职业素养的根源，职业素养是传统美德的体现形式，同时职业素养还是技术能力的目的，技术能力又是职业素养的体现形式。三个条件相辅相成、相互影响，构成了员工全面素质的框架。《弟子规》中所包含的德育修养和智育修养对广大职场员工具有极为重要的指导意义，是职场员工立足职场、立足社会的奠基石。

某日，顾客马小姐去某购物广场买衣服，看上一件衣服要求试穿。连喊几声，该柜台的营业小姐都没有反应。原来这位促销员正和邻柜台的一个促销员聊得火热："唉，昨天的电视你看了吗……""小姐，小姐……"，马小姐又喊了几遍。"唉，我听见了。"促销小姐懒洋洋地答应了一声，随手把衣服递给了马小姐，然后又开心地继续聊起来："哎，我告诉你呀，后来啊……"马小姐试穿完衣服后觉得不满意，想再换一件，但回头早已不见了促销员的影子，马小姐便不打算再换了,便拿着试穿过没有折叠好的衣服大声喊:"小姐,这衣服放在哪里呀?""知道了,你放在那里吧。"隔了很远的另一边柜台传来了一声遥远的回答。等马小姐离开该柜台时,远远看见刚才那位促销员正在隔壁的另一个柜台里和一位同事继续聊得津津有味:"唉,你知道吗?后来……"马小姐边走出商场边暗自纳闷:"昨晚的电视真那么好看吗?!"

古来圣贤大多主张仁、礼等思想,强调人与人之间应该平等博爱,做人处事有礼有节。像促销员这样的员工,在职场中并不少见。但如果以《弟子规》中的规范来要求自己的话,就不会出现上述这样的情况。"促销员上班时间不允许聊天、串岗"不仅仅是职场中公司制度的规定,更是为了规范职场员工的言行,促进销售目的的必要措施,这位促销员的做法明显与职场员工言行规范相背离,缺乏礼貌待人、爱岗敬业和人性化服务,这也与圣贤的思想相偏离。由此可见,圣贤的思想在现今社会仍具有极为重要的启示意义,每一个身处职场的人都应该学会用先哲圣贤的思想和精神来规范自我的言行,从而有助于在职场中赢得尊重、赞赏和信赖。

《弟子规》一书首先提倡"孝悌",教育我们要孝敬父母,恭敬兄长,在日常生活中要满怀一颗感恩之心,而将该思想应用到现实的职场工作环境中,就是要求职场员工要学会尊敬上司、老板,尊重同事和客户,提升职场人自身的本位意识。其次,提倡"谨信",也就是所谓的谨慎、诚信,在学习、生活和工作中要注意谨慎自己的一言一行,保持谦逊低调的行事作风,做人做事更应讲诚信,这些做法都是有效缩短与同事、客户距离的关键,也是职场员工、企业赢得满意度和信誉度的有力保证。再次,提倡"仁爱",强调要"泛爱众""亲仁",即博爱,与人相处要尊重和睦,友好亲善,亲近贤达之人远离小人,这是打造和谐职场人际交往关系的重点。最后,提倡"余力学文",强调学习的重要性,终身学习,唯有将学文与力行有机地结合起来,才能真正达到知行合一的人生处世境界,才能在职场中不断进取,最终取得事业上的成功。由此可见,《弟子规》所蕴含的思想哲理是广大职场人为人处世、立足职场的基石。上述的案例中的营业员要学会尊重顾客,有诚信意识,尽己所能地去满足顾客的需求,为顾客的利益多做考虑,并耐心地为顾客提供人性化的服务,这才是一个职场人应该具有的职业态度和素养。

《弟子规》是中国传统文化的精髓,是中国古代的蒙学读物,是无数圣哲先贤的智慧结晶,它不仅教导我们为人处世的道理,而且教会我们正确的价值观,潜移默化地影响着我们的世界观和人生观,其内涵也影响着职场人的进步和发展。所以,广大职场员工应认真学习《弟子规》思想内涵,唯有这样,才可以在职场上走得更远,走得更好。

3 知行合一,修身养性

《弟子规》中写道,"不力行,但学文,长浮华,成何人",意思是:只知道啃书本,不知道按书中的道理去做,只能使自己华而不实,那么会有什么出息呢?"但力行,不学文,任己见,昧理真",意思是:如果只是一味地做,而不去学习圣贤教诲,那就会变得自以为是,执着自己的见解,违背了真理,这也是不可取的,更是不正确的。所以,这就要求"力行"和"学文"要同时、要合一,即所谓的"知行合一"。

知行合一强调人们要把道德或理念落实到行动上,而不是简单地停留在口头上。王阳明以孝悌为例:"就如某人知孝,某人知悌,必是其人已曾行孝行悌方可称他知孝知悌,不成只晓得说些孝悌的话,便可称为知孝悌。"他反复强调只晓得说些孝悌的话并不是真正的孝悌,懂得孝悌又实际的体现于行孝行悌的过程,将具有的孝悌的德性转化为行孝行悌的德行,也就是要言行一致,认识与行动相联系,理论与实践相结合。

"知"的目的是指导"行",如果人类仅仅满足于"知",那人类是不能进步的,也就不会有今天的成就。"知"是"行"的前提和储备。"行"是"知"的一种升华,"知行合一"才是一种人生的最高境界,是修身养性的重要渠道。知贵真,而行贵笃。然而,真知难,笃行也难,知行合一是难上加难。纵观现代职场,你会发现一时的热血激情终究是成不了大事的,即使这种"知"很真,同样不会有什么好结果。而很多成功的职场员工往往是"知"而不很真,却可以凭借自身笃行的精神,在职场工作中取得一些进步和发展,当然,这种"笃行"绝不是蛮干、瞎干,而是有方向、有目标地行动。所以,职场人只有在真知和笃行的基础上,再不断地检验"知",坚持"行",努力做到知行合一,才能最终在职场竞争中占据绝对的优势。反之,则会在职场竞争中失利,甚至被淘汰出局。

从前有一个叫刘羽冲的人,他非常爱看书,也非常相信古书上的学问。他认为,只要是书上写的,就一定是正确的。从不根据实际情况考虑问题。一天,他看到一本讲修水利的书,就苦读了一年,并画了水利图,到州官那儿讲了修水利的好处。州官就让他去修水利,他不看农田水势,不问以往的降雨情况,又不听一听当地农民的意见,就叫人按他画的水利图动工。可是渠道刚使用,就被汹涌的大水冲垮了,农田也被淹没了。

刘羽冲只知道一味地苦读有关水利方面的书籍文献，却不懂得借鉴学习实际经验，无法将学到的水利知识付诸修建水利的实践活动中去，致使水利工程受损，农田被淹，由此而失去州官的信任，更使人民群众的财产受损。这一则知行合一的反面案例值得广大职场人的思考。

三国时期，吴国的大将吕蒙和蒋钦非常勇猛，深受孙权重用。但吕蒙和蒋钦原来都没念过什么书，被看作一介武夫。后来孙权批评他们说："你们现在掌握了大权，负责处理国家大事，应该多看点书，了解历史作为借鉴。这样会大有好处的。不要总说忙，再忙有我忙吗？我都会抽时间研究兵法。光武帝再忙也抓紧时间学习，曹操也老而好学，你们就不能学一学吗？"他们听了后，便刻苦学习，成了知识渊博的人。

吕蒙和蒋钦刚开始本来只懂得行动，却不注重学习书本知识，只重视实践而忽视理论的支撑作用。当受到孙权的启发后，他们两个开始注重理论知识的学习，力图实现理论和实践的最大化统一，最终成为知识渊博之人，赢得敬仰和赞誉。

从"知行合一"的角度来讲，我们可以将当今的职场员工分为四种类型。第一种是会"知"但不会"行"，这类职场人的特点是善于言谈，口若悬河，满腹经纶，工作中滔滔不绝，但只要一涉及实际操作的问题就束手无策；第二种是会"行"但不会"知"，这类职场人平日不善言辞，踏踏实实，默默无闻，属于实干家，但他们往往拙于言辞，比较内秀，需要管理者慢慢发掘和体会；第三种是不会"知"也不会"行"，这类职场人各方面都非常平庸，工作上也没有什么亮点，对职场有很大的消极影响；最后一种便是既会"知"又会"行"，这类职场人才能出众，不仅有丰富的理论知识，而且有较强的实践能力，在真正意义上实现了"知行合一"。诚然，在激烈的市场竞争中，对于任何公司、企业来讲，如果拥有的"知行合一"的员工越多，那么这个企业单位的"深植力"就会越强劲，从而有助于成就一个优秀而长远的企业。

为更好地立足职场，职场员工不仅需要努力做到知行合一，而且应该注重加强修身养性。职场工作虽然是职场人谋生的一种手段，是他们情感的需要，但更是他们接触社会的一扇窗。有人说："工作的最高境界便是修身养性。"职场人不断修身养性，既可以使身体健康又可以使心智本性不受损害。学习《弟子规》，有助于职场员工不断进行自我反省体察，从而使身心达到完美的境界，是职场人修身养性的"良药"。

"纸上得来终觉浅，绝知此事要躬行。"知识不仅来自书本和前辈、老师、上司的教诲，还来源于自我的经验、体会、观察、思考、感悟等，把新知识进行消化、理解、转化、重组、积累，直到最终与你的技能融为一体，难分你我，方才算是达到知行合一的境界。在职场上，我们要认真学习圣贤典籍——《弟子规》，不断修身养性，不断提高自身学习理论知识的理念和脚踏实地的行动力，不断朝着知行合一迈进。

进德学文，优秀法门

《弟子规》总叙中，"有余力，则学文"，强调在做到孝悌、谨信、泛爱众、亲仁之后，要"学文"，主张要做一个有德行也有知识的人。德智双进，才是一个人走向优秀的法门。

当今职场上，很多公司企业提倡"有德有才破格录用，有德无才培养使用，无德有才限制使用，无德无才坚决不用"的用人理念，这里的才就是能力，而德就是德行，就是人品。所以，对于职场员工来说,知识技能只是重要工具,内在的修养和德行才是其做人的根本。

道德是一种社会意识形态,它是人们共同生活及其行为的准则与规范。在职场范畴中,我们将其称为职业修养和职业道德。良好的职业修养是每一个优秀员工必备的素质,良好的职业道德是每一个员工都必须具备的基本品质,这两点都是从业人员应该具备的崇高精神,是企业对员工最基本的规范和要求,同时也是每个员工承担工作责任必备的素质。

文化知识是人类的认识成果,对人们认识世界和改造世界提供了重要的理论支持。在职场中,专业知识和技能是职场人从事工作必备的文化素质和重要工具,是职场人顺利开展工作的重要保障。

道德和文化知识应该是每一个职场人都必须具备的素质。但在实际工作中,人们往往注重知识和技能的学习,却忽视了道德的存在。其实,道德才是做人的根本。职场中亦是如此。一个有道德的职场人必将赢得别人的欣赏和信任。

2002年8月30日上午,设在广东省化州市中山路的茂名市体育彩票10060销售点电话响了,经常在这里买彩票的老顾客吴先生因出差在外无法亲自来买彩票,打电话请林海燕代买700元的体育彩票。尽管金额较大,林海燕还是爽快地为吴先生垫钱买了彩票。当日下午,广东体彩36选7开出了全省唯一一注518万元大奖,而这个大奖就落在了林海燕所在的销售点上。林海燕查对彩票号码后,发现竟是自己垫钱为吴先生买的彩票中了奖。彩票是林海燕垫钱买的,顾客也一直未来取票,体彩具有不记名、不挂失的特点,林海燕完全可以把518万元奖金据为己有。但林海燕丝毫不为奖金所动,立即拿起电话把中奖消息告诉了还在外地的吴先生。9月9日,吴先生出差回来,高兴地到10060销售点取走了林海燕为他垫钱买下并保管了一个多星期的中奖彩票。吴先生要给林海燕20万元作为感谢，她坚决拒绝了。

林海燕诚信经营的事迹广为流传，人们亲切地称她为"体彩活雷锋"，她的崇高人格和诚信至上的职业道德，都值得很多职场员工反思和学习。但值得注意的是，职场员工注重自身道德塑造的同时，更应该强化对理论知识和工作技巧的学习。将道德培养和知识学习有机融合，是职场员工立足职场、取得事业发展和成功的不二法门。

阿枫参加了去年某大型国企的校园招聘会，那天是在一个大体育场里进行的，队伍排到了出口处，每一位应聘者与面试官只有几分钟的交谈时间，如何在这么短的时间里，取得面  试官的好感，进入下一轮呢？当阿枫走入面试房间时，步伐稳健，并随手轻轻关上门，然后向面试官鞠躬后，才坐下。刚坐下，面试官的钢笔不小心掉在了地上，阿枫立即随手捡起并恭敬地还给面试官，然后开始面试。面试过程中，因为考虑到时间的限制，阿枫放弃了常规的介绍，而是着重给面试官介绍自己完成的一个项目，他还引用了导师的评价作为佐证。由于阿枫的专业能力和道德素养，他顺利闯过这种"海选"般的面试。

在当今的市场经济条件下，随着人才争夺的激烈竞争，企业对人才招聘工作的重视程度越来越高，他们不再是仅仅注重应聘者的专业素质和技术能力。越来越多的企业在招聘时更注重道德，道德标准已经成为继能力认证后的第二大用人考核标准。据调查，不少企业在英语能力、专业要求后面都附加了一项招聘条件:"孝敬父母长辈,有感恩的心……",有的企业甚至将此作为应聘者成功就业的首要条件。由此可见,职场人只有真正做到进德学文才可以在激烈的职场竞争浪潮中脱颖而出,收获属于自己的职业成长。

为高效完成一项工作任务,需要以职业道德为基础,以行业领域的知识及经验来辅佐,这是广大职场员工立足职场所需要具备的职场素养。在工作或生活当中,我们要时刻遵循道德规范,并不断地学习知识或技能,真正做到"进德学文"的有机统一,才能最终达到对自身职业"熟""精""通"的境界,成就自己的事业。

第二章
入则孝：孝亲敬上，忠诚负责

"入则孝"，对孝道做了较为详尽的阐述，从作为子女如何对待父母的"呼、命、教、责"；在家时"冬温夏清""晨省昏定""出告反面"，到"毋以事小而擅为之""毋以物小而私藏之"等，要求从细节做起，在一言一行中尽孝尽顺。将"入则孝"应用于职场处事中，则要求职场员工要尊敬、尊重上司，为人忠诚负责，这是职场员工必须面对的社会课题。

1 孝敬父母，尊敬领导

"孝"，自古以来就是中华民族的传统美德，更是为人之本。"孝"字最早见于殷商甲骨文，从字形角度来看，"老"在上，"子"在下，即儿女要赡养老人；从词汇意义来看，许慎在《说文解字》中解释为"孝，善事父母者，从老省从子，子承老也"。现代《新华字典》对"孝"的解释是：对父母尽心奉养并顺从。

《弟子规》将"孝"作为开篇，这是"首孝悌"的应有之义。常言道，"百善孝为先"，对一个人而言，首先要学会感恩，而最应该感谢的就是父母。正因为如此，所以《弟子规》总叙后面紧接着就是以"入则孝"为开篇。"父母呼，应勿缓，父母命，行勿懒。父母教，须敬听，父母责，须顺承"，这些都是儿女应当孝顺父母的基本要求。《弟子规》首先教育我们要孝顺父母、恭敬兄长，要和兄弟姐妹友爱相处。在职场中，同样要将"父母呼，应勿缓，父母命，行勿懒。父母教，须敬听，父母责，须顺承"思想内容内化于心，学会友爱、感恩，尊敬上司、老板，尊重同事和客户。因为孝道是祖辈流传下来的美德，在当今这个被经济大潮淹没的时代，孝敬父母仍然是我们中国人不变的传统。只有在家庭中尽孝，在工作上才能敬业，对国家才能尽忠。所以，孝是成功的第一步。在家孝敬父母的人，在职场才能尊重领导，尊重同事，尊重他人。反之，则目中无人，傲慢无礼，这样的人在职场也是难以走远的。《弟子规》中说，"事虽小，勿擅为，苟擅为，子道亏"，对于职场员工应当启发良多。多请示多汇报，尊重领导，听从命令，都是对上司的尊重。不请示不汇报，自作主张，目无尊长，不讲礼

第二章 入则孝：孝亲敬上，忠诚负责

貌，只会让自己吃亏。

张鑫正在忙着校对客户资料，这时，上司过来问她："李雯呢？"张鑫随口答了一句："不知道。"上司被他的态度惹恼了："不知道？他就坐在你对面，你还不知道他在干什么？你还知道什么？"张鑫也生了气："我两只眼睛都在材料上，哪有多余的眼睛关注别人在做什么啊？你要是想找他，直接打他的电话不就好了！"上司被气得满脸通红，一句话没说就走了。

之后，张鑫和上司之间的气氛就一直不自然。后来，张鑫被调到了下属分公司，她这才意识到对上司不尊敬的严重后果。

孝敬父母仍然是我们中国人不变的传统

身处职场，当上司、老板询问你一些问题或者给你安排一些额外工作任务时，就算你的工作很忙，心情烦躁，也不要脱口而出地说出"我不知道""没看见我在忙着呢吗"这类不尊敬的话语。因为，职场毕竟是职场，我们要时刻注意这一点。张鑫的行为就是对领导的不尊重，缺乏尊重他人的思想道德素养，应该及时加以改正。聪明的职场员工会选择这样说："对不起领导，我一直忙着查找资料，这件事不清楚，要不我帮您问问别人吧？"或者这样说："经理，我手头上这份工作客户急着要，今天就要赶出来。如果您不着急的话，我一会儿帮您找找他，可以吗？"这样的回答，既可以让上司知道你比较敬业，忙于工作、时间紧张，又可以让上司体会到了你对他的尊重。

所以，在职场中如果想使领导觉得自己被尊重，在谈话的时候首先要注意礼貌，一定要多用"您""请""谢谢"等礼貌用语，另外，遇

到领导要主动向其打招呼。值得注意的是，在职场中，对于年龄与自己相仿的领导，说话的时候可以稍微放松一点，但对于年龄偏大的领导，要格外注意自身的礼貌和举止，多使用敬语，职场之路就会顺畅很多。

罗子霞在公司工作了四年多了，也算是个老员工了。每当公司有新进员工，她都会格外照顾他们。

最近，公司里新来了一个年轻女员工，罗子霞待她特别亲厚，经常教授她一些专业知识不说，还经常和她聊天。一次，罗子霞在那个女孩面前无心地评价了自己的上司几句，言外之意是觉得上司没有多大的能力，却还总是颐指气使。

第二天的晨会上，罗子霞之前一个已经通过的工作计划却突然被上司取消了。罗子霞心里非常生气："怎么说取消就取消呢？这可是之前当着所有员工的面通过的事情啊！"她想顶撞上司几句，但还是忍住了。

晨会结束后，罗子霞趁着上司单独待在办公室的时候，敲开了上司的门，耐着性子平静地问道："您刚刚在晨会上宣布取消之前我做的那个工作计划，我有一点不解。我认为这个方案还是不错的，您能不能告诉我问题出在哪里？"

上司看了看罗子霞："你是不是觉得工作了好几年，你的能力已经超过我了？"罗子霞心中一惊，联想起自己前几天对新来的女员工说的话，马上就明白是有人在她背后告密了。她随即稳住心神，微笑着说："每个人都有自己的特长，在策划上我可能点子多一些，但是在组织管理上，我却没有您有能力！这就是为什么您是领导，我是下属的原因。"

上司听了这话，表情缓和了许多，思考了一会儿，叮嘱罗子霞说："你也不要天天只顾着工作，也要注意留心自己身边的同事。"罗子霞心中舒了一口气，知道上司已经不生气了，赶紧说:"谢谢领导对我的指导。那,这份工作计划……"上司说:"还是按照你的办法去做吧,明天我会宣布你的策划案经过修改通过了。"

一些职场员工可能会因为一时冲动或者自恃自己对公司、企业的贡献等因素,对领导说出一些过激的言辞,这是对领导极大的不尊重,会给领导留下极为恶劣的印象,严重影响领导对他们的满意度和信任度。所以,在与领导相处的过程中,切忌对领导大喊大叫,说话偏激,这样不但是对领导的不尊重,更是将你和上司摆在了对立的角度上,非常不利于你的形象和今后的工作发展。相反,职场员工应该恭敬有礼地与领导进行谈话,只有这样才会让领导觉得你是真的尊重他,把他当做领导。

换新工作的阿松,公司派一个年纪大的老师来带领。阿松以前的工作方式是两个人来合作做事,现在的上司却非常压制他。阿松的上司非常专横和自我,不把阿松放在眼里,他的工作也就变成了给上司打杂,偶尔他有机会去独立解决问题,上司立马不给他面子,冲上去把他弄下台,弄得他在同事面前非常尴尬。事情不断重复加深,经过三年,阿松觉得自己快崩溃,发现工作没进步,什么都不想干了,他觉得抑郁、没劲和无聊。

职场中的尊重应该是相互的,下属尊重领导是职场工作的必然要求,但领导同样要学会尊重下属。如果领导不尊重下属,就可能会给下属造成伤害和心理障碍,造成内心的压抑、恐惧和愤怒。上述案例中的阿松就是因为在工作中没有受到老板的尊重,心理出现了一系列问题,这也需要引起职场领导的重视与反思。

所以,"敬"不应只是存在于家庭中,职场同样需要"敬",尊敬上司、老板,这是职场人立足职场应有的态度。

2 身在职场,敬业第一

纵观中国历史发展进程,不难发现,中华民族历来就有"敬业乐群""忠于职守"的优良传统。早在春秋时期,孔子就主张人在一生中始终要勤奋、刻苦,为事业尽心尽力,"执事敬""事思敬""修己以敬"等言辞就有力地印证了这一点。

所谓"敬"就是尊重,敬仰,谨慎,不怠慢,负责任,自始至终都谨慎不懈;"业"是指职业、学业、工作等。"敬业"就是"专心致志以事其业",就是以一种恭敬的态度专心致力于自己的职业、工作或学业,做到心无旁骛,严肃认真,精益求精,尽职尽责,具有强烈的职业责任感和职业义务感。"敬业"之敬,是对待职业的一种根本价值态度,是对所从事工作的一份敬重和责任。"敬业"之业,是一个人所从事的职业,是个人安身立命之根本,价值实现之途径。一个人如果能够将敬业内化为履职品格,将工作视为一份事业理想和人生意义,就会实现从"职业"到"事业"的升华。敬业精神是个体以明确的职业追求、朴素的价值观念、忘我投入的志趣、认真负责的态度,从事自己的主导活动时表现出的个人品质。敬业精神是每一位职场员工最重要的素质,也是其做好本职工作的重要前提。

身处职场,敬业能让人在自己的工作中变得更加的优秀,既可以很好地提升自己的业务能力,从而赢得老板的青睐,获得更好的晋升机会,也能够为未来的发展打下基础。职场人生的价值主要在于爱岗敬业。我们不能够选择生命的长短,但是,我们可以选择在有限的生命中成就属于自己的事业,实现自我价值和社会价值,这便是敬业精神的意义所在。

宋鱼水是北京市海淀区人民法院经济庭审判员。她独立办案十几年来,公正高效地审理了各类民商事案件千余件,其中有四分之一属于疑难、复杂、新类型案件,被当事人誉为"辨法析理,胜败皆服"的好法官。

独立办案过程中,宋鱼水也遇到过托关系、走人情的时候,她也有在人情面前矛盾的时候。因为人情,宋鱼水也得罪了一些亲戚、朋友,而她更是从这些关系人情中,读懂了当事人对法官的要求:"大多数百姓托人情,只是希望能得到一个公正的判决,只要公正,老百姓是会理解的,只要法官心中有一杆正义的秤,没有解决不了的人情案。"

宋鱼水反思法官职业时说:"我是法官,我吃的是官粮,我拿的是纳税人的钱,我的职业精神就是追求公平和正义。我喜欢这个职业,我不是希望通过它来获取什么。法律人讲究的是职业尊重,你尊重我的职业,我也尊重你的职业,即使别人不尊重我的职业,我自己也要尊重。我会注意方式、方法把尊重的理念传递给对方。"

宋鱼水认为,一个优秀的律师背后是百万财产,一个合格的法官背后是清白朴素的生活。

职场中从不乏懒散、碌碌无为的人,究其原因主要是因为他们只是将工作视作一种谋生的手段而已,内心缺乏敬业精神。人们如何看待自己所从事的职业和岗位,是否认同和追求岗位的社会价值,是敬业精神的核心。宋鱼水将法官这门职业作为自己的事业追求,即使遭遇别人的不尊重，她依旧尊重和忠实于自己的职业，保持着强烈的职业责任感和义务感，这一切都源于宋鱼水内心的敬业精神。她的敬业精神也必将赢得他人和社会的尊重。

常言道，"敬业者必定乐业，乐业者必定精业"。在职场中，敬业者，不仅具备相应的专业素质和业务素质，更重要的是他们会勇于负责，有独立思考能力和行动能力。他们不会像机器一样，别人吩咐什么就做什么。他们往往会发挥创新能力，不断挖掘自身潜力，力图更加出色地完成工作任务。

《弟子规》中说，"亲所好，力为具，亲所恶，谨为去"，是说父母喜欢的就要想尽办法为父母办到，父母不喜欢的，就小心谨慎地避开这些方面。把这句话应用到职场，就是要努力完成企业或单位交给我们的工作任务，竭尽所能把工作做到最好，这是上司及单位所希望的结果，那就努力去做到最好；单位规定的不准违犯的纪律、规章那就坚决遵守，绝不违犯，因为这正是单位所不愿看到的。做到这样的员工，一定会成为一个优秀的员工。这样的员工，也一定是敬业的员工。

根据国外的一项调查显示：如今学历资格已经不是公司招聘员工首先考虑的条件，大多数企业最优先考虑的是员工的敬业精神，其次才是职业技能，然后是工作经验。毫无疑问，在现代社会，敬业精神已被视为企业选拔人才的重要标准。任何一个企业的发展都需要具有敬业精神的员工，同样，任何一个员工在企业中要想得到发展都离不开敬业精神。

树立敬业意识，是每一个职场人立足职场的重要法宝。那么，在职场中，怎样才能做到敬业呢？第一，树立正确的世界观、人生观和价值观。第二，热爱本职工作，端正工作态度。第三，注重职场人际沟通和

交往。第四，工作认真负责，勇于创新。

敬业，是一种境界。"大禹治水，三过家门而不入""王猛为相，临终不忘国事"，无疑是对敬业的有力诠释。敬业，不仅是对事业的高度认识，更是一种生活态度。所以，职场员工应不断增强对自身职业的认同感，并努力将敬业变成一种习惯，推动自身职业理想的早日实现。

 **忠诚负责，认真工作**

《弟子规》中说，"冬则温，夏则凊，晨则省，昏则定"，原意为：衣裳被褥房屋到冬天的时候要给父母预备温暖些，夏天的时候要预备清凉些，早晨起来要先省视（看望）父母，晚上要为父母安顿好床铺，让父母安定入睡，其强调的是为人子女应该具备的责任感。

东汉黄香才九岁，就懂得照顾相依为命的父亲。冬天他怕父亲冷，就先钻到被窝里把棉被捂暖和了，才请父亲睡觉；夏天热，他就拿着扇子把床扇凉。从这里看得出，黄香一直在观察父母的需要，他有时时去关怀父母的心，相信父母的整个生活起居，他都会尽心尽力照顾。

周朝初年周文王在侍奉父亲就非常尽孝，每天必定三次去问候自己的父亲。当父亲有病时，文王知道了，心里就非常不安，他甚至可以为了帮助父亲医治，衣不解带。等到父亲病好了，文王的心才能安下来。这就是有名的"文王三省"。

为人子女需要时刻铭记自己肩上的责任，认真做事。"孝"是一个会意字，上边一个"老"字，下边一个"子"字。老子上边有老子，儿子下边还有儿子，竖穷三际横遍十方，人类不断延续。我们所说的孝亲，即孝养双亲，其内容有三个方面：养父母之身，慰父母之心，安父母之志。父母之心、父母之志在哪里呢？没有父母不希望儿女为社会、为国家多做贡献而赢得身前身后好名誉的；没有父母不希望儿女遵纪守法、尽职尽责、与人友善而获得领导和同事尊敬的；没有父母希望儿女作奸犯科、傲慢无礼、言而无信乃至走向监狱失去自由的。这就是父母之心、父母之志的所在。

责任的根本在良心，良心的根本在孝心。试想，一个无孝无德无良心的员工，我们还能期望他什么？无孝就无德，无孝就无良心，无良心就无责任。所以说，对工作负责任就是孝道的体现。

身为职场工作者，孝道的体现就是对工作的责任感。而责任的底线便是忠诚，是企业员工坚守职业道德的重要体现。在工作中，忠诚就意味着把领导交代的任务当做自己的职责和努力的目标，企业就是自己的事业，企业的发展就是自己事业的发展。

1923 年，福特公司车间里的一台电机坏了，公司所有的工程技术人员都束手无策。这时，有人推荐了一个叫思坦因曼思的工程师。思坦因曼思来到车间，用粉笔在电机的一个部位画了一条线，还写了一句话："这里的线多了 16 圈。"福特公司的技术人员立即拆开电机，根据思坦因曼思的建议，去掉了多余的 16 圈线，电机立刻恢复正常运转。

福特公司的总裁亨利·福特得知后，非常赏识思坦因曼思，先是给了他一万美元的酬金，然后又亲自邀请他加盟福特公司。不料，却被思坦因曼思婉拒了。他说："我现在的公司对我很好，我不能忘恩负义。"

原来思坦因曼思本是德国的一位工程技术人员，因为国内经济不景气，失业之后的他千里迢迢孤身一人来到美国。举目无亲、孤立无援之际，他幸运地被一家小工厂的老板看中，聘请他担任该公司的技术人员。思坦因曼思之所以不愿意离开这家小工厂，是因为那家工厂的老板在他最困难的时候帮助了他——他这是在报恩！

了解内情之后，福特虽然深感遗憾，但他却更加赏识这位德国工程师了。福特公司在美国是实力雄厚、家喻户晓的大公司，人人都以能进福特公司为荣，而思坦因曼思却为报恩而宁愿舍弃这天赐的良机，这让福特公司深为感动和钦佩。

不久之后，福特做出了一个大胆的决定：收购思坦因曼思所在的那家小工厂。董事会成员都觉得匪夷所思：这样一家名不见经传的小工厂缘何会进入福特的法眼，并引起他这么大兴趣？福特回答说："因为那里有思坦因曼思。"

在福特的坚持和力排众议下，福特公司最终成功地收购了思坦因曼思所在的那家小工厂。这样一来，连同这位技术精湛、德才兼备的工程师，都一并归了福特。

良好的职业操守和责任心已经成为衡量一名员工对企业"忠诚度"的尺度。责任意味着行为，意味着是必须承担的义务。德国工程师思坦因曼思对待工作极其认真，当电机坏了，他积极寻找解决办法。当福特公司向他抛出橄榄枝时，他果断地拒绝了，原因是因为小工厂的老板在他最困难的时候帮助了他，他不能忘恩负义。而也正是思坦因曼思的忠诚打动了福特，福特公司最终成功收购了那家名不见经传的小工厂。思坦因曼思终于成为了福特公司的一员，实现了自己职业上的进步，同时，也提升了小工厂的市场价值。

一个国家、一个民族、一个单位、一个家庭、一个人，无论在什么时候、什么情况下，都不能没有孝心、大爱与责任心。工作和生活中的一切乱象也都源于缺失了孝道、大爱与责任心。人可以地位上不显赫，但不可以没有责任心。有责任心，才会赢得尊重；有责任心，价值才会体现；有责任心，工作才有成效；有责任心，智慧才能迸发；有责任心，做人才能豁达；有责任心，社会才能和谐。有高度的责任心、工作认真负责的员工，就是职场最受欢迎的员工。

叶子应聘到一家房地产公司，这家公司是一家私营企业，规章制度都不规范，她的上司综合管理部张经理在着力整理和完善新的制度。当张经理写完制度，她先发给叶子，让她仔细看看，然后张贴在公司的公告栏。叶子在认真看完制度之后，检查出了其中一些地方的错别字。叶子到张经理面前告诉她，其中有一些错误需要修正。张经理非常高兴叶子并不是敷衍了事地把制度一看就张贴出去了，她能直接告诉张经理，说明她很诚实直率。她告知了张经理，把制度进行更改，保证了发出去的制度准确无误，提高了综合管理部的工作质量。

后来张经理有更好的机会离开了这家房地产公司，她始终记得叶子是个值得信任做事认真的人，她遇到好的工作机会就会推荐叶子。叶子也因为她对工作非常负责任而得到了上司的认可，无形中就给她带来了意想不到的机会。

在这场没有硝烟的职场竞争中，认真工作，敢于承担责任，会让一个职场人迸发出卓越的执行力，从而在工作中脱颖而出，赢得公司的赏识，获得更多的提升机会。同时，认真工作，敢于承担责任，会使一个人的人格变得更高尚，更容易得到领导、同事和客户的尊重和赏识，有助于实现加薪升职的目的。

常言道:"责任体现人品,感恩彰显人性,忠诚为美,敬业为荣",这就是说,有责任感的人,认真努力的人才是值得企业培养和重用的人。在职场中,当我们面临误解与伤害时,可能会考虑放弃忠诚和责任心,但是要相信:真正忠诚、有责任感的人是绝不会因委屈和误解就轻易放弃自己的职业坚守的。我们应认真学习《弟子规》,认真工作,努力做一个忠诚而富有责任感的职场员工,忠诚于事业,忠诚于领导,忠诚于同事,忠诚于自己。

敏于行动,多听多问

《弟子规》中写道:"父母呼,应勿缓,父母命,行勿懒;父母教,须敬听,父母责,须顺承。"教导弟子要谨遵父母之命:父母的教诲,要认真地倾听;父母的责备,要虚心地接受。不拖延不违抗,敏于行动,高效执行。

拿破仑曾经说过:"行动和速度是制胜的关键。"一个优秀的职场人应该具备马上行动的意识和能力,在接到工作任务的最短时间内采取最富有成效的行动。

在第二次世界大战中,有个著名的历史事件——诺曼底登陆。很多人都知道这次登陆是发生在1944年的6月6日,可大家知道为什么偏偏要选这样一个日子吗?其实,盟军当初的计划是在6月初的几天里。但之所以确定要选这一天,与其中两位大将有密不可分的关系。

当初蒙哥马利是盟军里陆军的总指挥,而隆美尔是德军的总指挥，6月6日是隆美尔老婆的生日，隆美尔特别疼爱老婆，就离开部队回家陪老婆过生日去了。这个消息立马就被蒙哥马利知道了，不容迟疑，他马上组织部队进行登陆，以最少的损失取得了登陆的成功，世界战争史上也就有了诺曼底登陆的传奇。

很多人都说是隆美尔的疏忽大意造成这一结果，但也有很多人说是蒙哥马利能准确抓住时机，其实蒙哥马利更多地表现了一种毫不迟疑的行动力。如果在听到隆美尔回家陪老婆过生日的消息时，他没有尽早行动，而是先分析这个消息的价值，再一次次地开会商议，恐怕到时隆美尔早已陪老婆过完生日回来，诺曼底登陆就不会那么容易取胜。由此可见，行动力的重要性。在日益激烈的职场竞争中，如果你是言语上的巨人，行动上的矮子，那么你的计划将永远无法完成。职场上，很多员工并不缺乏能力和创造力，而是缺乏最简单、最实际的行动力。

在一位成功人士的讲座上，一位记者采访他，问道："请问您的成功秘诀是什么？"这位成功人士说："马上行动！""那么当您遇到困难的时候，请问您是怎么处理的？""马上行动！""当您遇到事业的瓶颈时，请问您将如何突破？""马上行动！""假如要让您把自己的成功秘诀分享给大家，您会说些什么？""马上行动！"

许多初入职场的新人总会抱怨工作累和辛苦，其实要想不抱怨，最简单的方法就是让自己行动起来。因为，行动是实现目标的决定性力量。职场上，无论一个人的工作计划多么详尽，创意多么巧妙，如果他不果断采取行动，必定永远无法达到自己的目标。而如果马上行动则会使他保持较高的热情和昂扬的斗志，也能够提高他的工作效率。

有一次，一位慕名前来的青年画家，把自己的画拿给柯罗看，希望柯罗可以给他一些批评和建议。柯罗仔细地看过之后，指出了自己感到不太满意的地方，青年画家立马就对柯罗说："谢谢大师对我的建议，我明天回去后就改。"

只见柯罗生气地说："为什么要明天才改，明天还有明天的事情，你现在就马上在这儿改吧！"青年画家听完柯罗的话，不好意思地低下了头，那天在柯罗的画室，他完成了修改。

若干年后，这位青年画家也在绘画界声名鹊起，当问起他成功的秘诀时，他说："柯罗大师那次让我立马修改我的画，改变了我的一生。他让我知道凡事立马行动是很有必要的。"

毋庸置疑，一个优秀职场人和一个普通职场人的最大区别就是：行动力。前者只要一想到，就会立马去行动，而后者偏偏要等到其他条件合适再去做。职场工作中，可能有很多人会像那个起初的年轻画家，习惯了采取拖延的态度，结果经常会被弄得手忙脚乱，跟人抱怨说："活真多，时间不够用了，怎么办？"其实，这都是他没有立马执行的后果。一位职场员工会不会有好前途，能不能受上司领导的喜爱，关键不在于知识和技能，而在于行动力。所以，职场员工要多听多看职场现象，体会其中的处世哲学，并敏于行动，那么你终将会在职场竞争的时代洪流中有意想不到的收获和成功。

执行来自于沟通力和理解力。只有正确地理解并深入地沟通之后，执行才不会出现失误，才能真正执行到位。所以职场员工要学会多听多问，在沟通中学习和提升自己，把工作做到最好。

小强应用化学本科专业毕业后，被一家农药企业录用，安排在专利申请部门工作。对于专利，小强完全是个门外汉。从

学好《弟子规》 提升职业素养

进专利部的第一天，小强就设置了几个问题——"什么叫专利？""专利是怎么做的？""我们单位有哪些专利？""这些专利是怎么来的？""目前中国专利的情况如何？"平时工作中，他就围绕这些问题多听多看，很快就对专利市场有了深入了解。一年后，他已经是国内专利部的部长助理。

多听多看是职场新人学习的一个重要途径。最好是带着问题去听去看，这样才会更有收获。不管我们进入什么行业，从事什么工作，都要快速了解行业的情况和特性，并且热爱这个行业。

员工要高效执行，必须在深刻理解管理意图和指令的前提之下，才能进行。相反，如果一个人不善于倾听别人的意见，不要说高效执行，就连实现指令所需要完成的基本工作这个目的也变得不太可能。不善于倾听会造成很多沟通上的失误，从而导致失败。

在一次推销中，乔·吉拉德与客户洽谈顺利，正当就要签约成交时，对方却突然变了卦，一只快煮熟的鸭子飞走了。当天晚上，按照顾客留下的地址，乔·吉拉德找上门去求教。客户见他满脸真诚，就实话实说："你的失败是由于你没有自始至终听我讲的话。就在我准备签约前，我提到我的独生子即将上大学，而且还提到他的运动成绩和他将来的抱负。我是以他为荣的，但是你当时却没有任何反应，而且还转过头去用手机和别人通电话。我一生气就改变主意了！"

这一番话提醒了乔·吉拉德，使他领悟到"听"的重要性，让他认识到如果不能自始至终倾听对方讲话的内容，认同顾客的心理感受，就难免会失去顾客。

一个优秀的倾听者，应该从说话者的信息中寻找感兴趣的部分，获取新的有用的信息。高效率的倾听者清楚自己的个人喜好和对方态度，并不急于做出判断，而是感受对方的情感，能够设身处地换位思考和理解问题。一个优秀的倾听者甚至可以听到语言背后所包含的意义。在中国，由于民族文化和传统的影响，有许多管理者在说话的时候，并不是像西方人那样直来直去。中国人说话往往隐含着言下之意，弦外之音。一个员工如果能够领会上级领导的弦外之音，那么，这个领导一定会对这名员工刮目相看。

新人入职如果只是埋头做事，最后顶多是个兵，当不了将。所谓做人不过就是多笑点，多帮点，有事儿多主动点，这些"多"不会让你累死，但是会让你很快融入这个团队，让大家记得你。所以职场上要多笑，多说，多问，少气，少怨，少打听。做积极上进的人，多说几个"我试试看"，少说几个"我不行"，你终会成长为一个优秀的职场人。

遵规守纪，不越雷池

《弟子规》中写道，"事虽小，勿擅为，苟擅为，子道亏"，原意为：纵然是小事，也不要擅自做主而不向父母禀告。如果任性而为，容易出错，也有损为人子女的本分，因此而让父母担心，是不孝的行为。可见，为人子女应该规范自身行为，不能任性而为。同样，在职场工作中，我们也不可以擅自做主、随性而为，应该严格遵守国家法律法规、企业规范、职业道德规则和原则、个人思想品德、行为规范等方面的要求，不越雷池一步，规范自身言行，更好地立足职场、立足社会。

陶侃是东晋有名的贤臣，从小就勤奋好学，人品极好。陶侃长大后，担任了管理渔业的小官。这一年，他托人带回家一坛腌鱼孝敬母亲。没想到，母亲却把鱼原封不动地让人退回去，并且给他写了一封信。信中说："你是国家的官吏，怎么能用公家的东西孝敬母亲呢？虽然只是一坛腌鱼，但也是为政不廉啊！"陶侃深深记住了母亲的教导，从此他勤政为民，两袖清风，最终成为了晋朝著名的清官。

对于职场员工，最基本的一条就是要遵守国家的法律法规和企业的各项规章制度，不能给公司企业抹黑。陶侃身为官吏，时刻谨记自己的责任，为政清廉，绝不逾越国家法律雷池一步，最终成为晋朝著名的清官，赢得百姓的爱戴和上级的器重。在现代职场，职场人只有遵守法律法规、企业制度，才会有良好的生活秩序、生产秩序、社会秩序，才会实现自身的各项权益。因此，职场人应该努力做一个守法守规的人，任何时候都绝不可以以身犯险，去做与法律规范相背离的事，这是每一个职场人的基本责任，也是每一个职场人应具备的基本职业素养。

改革开放以来，我国国力迅速增强，人民群众生活水平大幅提高，但同时，在物欲横流的当今社会，人性欲望极度膨胀，导致社会道德底线不断被冲击，职场亦是如此。在新的时代发展形势下，由于多种原因，在职场中出现了一些违法乱纪的不良现象。比如，在现实的职场中有些处于高层的职场员工喜欢凭个人的好恶想问题作决策；有些职场人钻法规制度的空子，在涉及局部利益的一些问题上打"擦边球"，动辄变通行事；还有的采取实用主义态度，于己有利就遵守，于己不利就违规，尤其是对一些热点敏感问题的处理，不能严守法规，随意性很大；有些员工私欲膨胀，无视法纪，偷盗国家财产，或是为了获取个人利益而不惜出卖公司企业利益，这些做法不仅严重违反了身为一个职场人的基本行为规范，而且背离了职业道德的相关要求，严重影响自身职业的成长和发展，必须坚决杜绝并加以纠正。

2010年7月26日和2011年2月25日，被告人胡某某利用担任康某公司业务员的职务便利，先后两次以安徽华某医药有限公司（以下简称华某公司）购买药品的名义要求康某公司分别将500瓶人血白蛋白和300瓶人血白蛋白发给被告人胡某某，康某公司发货并开具两张购货单位为华某公司的增值税发票。被告人胡某某提货后，将上述人血白蛋白销售给安徽舒城博某医药有限责任公司等其他客户，并未将对方付给康某公司的货款96500元和52800元上交康某公司，而用于个人进行百家乐赌博。

遵规守纪是职场员工从事工作最基本的职业道德。遵规守纪，看似简单，实则不易。遵规守法，要求职场人必须学法、知法、懂法，也就是说他们的行为举止，对利益的追求，对权益的维护等，都应该在法律法规的范围内进行，在制度的框架内进行，超越了法律和制度的底线，就可能做出违法违纪的事情，这是要不得的。学法、知法、懂法是职场人遵规守法的基础。

在职场中，每一位员工都必须主动去适应公司的环境与规矩，而不是公司为员工改变自己的环境和规矩。为更好地做到遵规守纪，不越法律雷池，职场人还需要注重提高自身明辨是非的意识和能力。身处职场，要拥有一双明亮的眼睛和一颗透明的内心，学会辨别工作中的是是非非，强化自身的法律意识，真正懂得什么该做，什么绝不能做，严格做到遵法守纪，问心无愧立足职场纷扰之中。

总之，在职场中，职场人在做人做事、待人接物、处理各种社会关系的时候，都要时刻保持法制意识，要遵纪守法，哪怕自己的职业再普通，工作岗位再不起眼，都应该谨记把法纪和责任意识贯穿于工作的始终。每一位职场人更应该在实际工作中不断强化自身的守法意识，加强自身职业道德的培养，这不仅是《弟子规》中古代圣贤给我们的启示，更是时代发展对我们的迫切要求。

勿贪小利，大局为重

古往今来不知有多少人因为贪图小利，而失去了大收获，如今在职场上又有多少人因为贪图小利而得不偿失，因为斤斤计较而失去更多。其实职场中很多人烦恼的来源并不是大事情引起的，而是对一些小小的事情、小小的利益过分计较、贪图才引起的大烦恼。

《弟子规》中谈到，"物虽小，勿私藏，苟私藏，亲心伤"，意为东西虽小，也不能偷偷私藏起来；如果私自藏东西，父母会感到伤心。这两句都是教导人们要遵守道德规范，切不可因小失大，同时不能因为贪图东西而使父母伤心，应以大局为重。

大局意识，就是善于从全局高度、用长远眼光观察形势，分析问题，从而认识和把握大局。在政治领域，大局意识十分重要，职场中亦是如此。其实，对于每一个职场人来说，要想在激烈的职场竞争浪潮中脱颖而出，同样需要把培养大局意识作为自身职场发展的坚实根基。

在每个人的职业生涯中，凡事必须从大局出发，以大局为重，不顾大局就有可能出局。在历史上，我们可以发现，很多有优秀才能的人，因为个人性格、情感中的某些缺陷，在做事的过程中，不能从大局出发而立足长远，不能把握实际效果，不能从利害关系出发，从而铸成大错，造成严重的损失，甚至一失足成千古恨。在当今的市场经济中，各方人才八仙过海，各显神通，一大批优秀人才脱颖而出。同时，不难发现，一些业绩突出却自命不凡的职场人在公司内处境艰难；一些精明能干但过于计较得失的员工不为公司所接纳，成为行色匆匆穿梭于各个招聘场的人。这样"有才华"的人在职场中为什么不能被用人单位所容纳和重用，恐怕不只是缺乏"伯乐"，而在很大程度上是因为他们只注重眼前的个人利益，没有处理好个人与整体的关系。在职场中，如果一个人心中只有"我"而无"我们"，只为小团体或部门利益着想，是不可能赢得职场上司的喜欢和信赖的。

大局意识是职场上不可或缺的职业品质。优秀的职场员工，凡事都能从大局出发，在事关大局和自身利益的问题上，能以宽广的眼界审时度势，以长远的眼光权衡利弊得失，自觉做到局部服从整体，自我服从全局，眼前服从长远，立足本职，甘于奉献。这样具备统观全局、服务大局的优良素质，在赢得公司和老板信任的同时，更为自己的职业生涯带来莫大的好处。企业组织的领导者最渴求的是以组织整体利益为重，"顾大局、识大体"的员工。

在职场上，作为一名合格、优秀的职场人，不论何时何地，都要把目光放得长远一些，凡事都必须从大局出发，以大局为重，把企业利益放在第一位，不要贪图眼前的小利，不要执着于一隅，不能只着眼于一城一地之得失。有很多才华出众的职场人在工作的过程中因为缺乏大局意识，凡事不能从大局出发，不能立足长远把握实际效果，不能从利害关系出发，从而铸成大错，造成严重的损失。

一天，某市工业局秘书科的张科长正在办公室批阅文件，这时，本单位一位以爱上访告状闻名的退休干部谭某走了进来，说要找局长。张科长先热情地招呼他坐下，然后敲开了局长办公室的门，请示局长如何处置。局长此时正忙于局里的业务，不想见谭某，只非常干脆地对张科长说了一句：" 告诉他我不在。" 就又低头忙他的去了。张科长回到自己的办公室，对谭某说：" 领导不在办公室，你先回去，有什么事我可以代你转告。" 既然这样，谭某也无话可说，悻悻地离开了秘书科。

约过了一个多小时，张科长起身去档案室，来到走廊，想不到却看见局长与谭某在卫生间门口握手寒暄并听到谭某说：" 刚才张科长说你不在办公室！" " 哪里，我一直在啊！" 局长毫不迟疑地回答。张科长顿感浑身一阵冰凉。

原来，谭某离开秘书科以后，并未回家，而是极不甘心地在办公室的走廊内来回走动，刚巧碰上局长上卫生间，急忙抢上前去打招呼，这才有了刚才那一幕。事后，谭某逢人就散布张科长不地道，品质太差，欺下瞒上，没有资格当秘书科长。张科长有口难辩。刚开始感到很委屈，后来一想，当领导的这样做也是出于无奈，当秘书的应注意维护领导的形象，否则将给工作造成不良影响。所以，他从不对人解释此事，听到议论，也一笑置之。

在职场工作中，维护领导的形象也是秘书工作者应具备的素质。领导由于工作繁忙和其他原因，不能或不大愿接见某些来访者，这是正常现象。秘书人员根据领导的意图以各种方式回绝来访，也是工作需要。张科长遵照领导意图处理此事无可厚非。尤其难能可贵的是他在遭人误解时，也能从大局出发，坦然处之。他面对误解，依然以大局为重，这才是一个成熟的职场人，值得我们学习。然而，需要一提的是，一个领导者应当实事求是，前后一致，不要给下属出难题。

在每个人的职业生涯中，必须树立大局观念，凡事必须从大局出发，不斤斤计较个人的得失，以大局为重，切不可因为贪图眼前的小利而失去获得大收获的机会，不然甚至可能淘汰出局。

第三章
出则悌：兄友弟恭，团结和谐

"出则悌"一开头就讲"兄道友，弟道恭"，在家里我们首先要做到的就是能跟兄弟姊妹和睦相处。在职场中，我们同样需要悌道精神，而做到悌道，就必须做到友爱和宽容，唯有这样，才可以构建一种和谐向上的职场氛围和一个团结友爱的大集体。

 **恭敬亲善，友爱和睦**

《弟子规》"出则悌"部分的首句就是"兄道友，弟道恭"，"兄道友"中"道"就是做哥哥的如何来跟弟弟相处；"弟道恭"，弟弟又应该如何来对待哥哥。这个"友"就是友爱。该句原意为：做哥哥的要爱护弟弟，做弟弟的要尊重哥哥，强调兄弟之间应该恭敬亲善，和睦相处。

人是社会中的人，每个人的成长和发展都不能离开社会。在人与人交往的过程中，我们要时刻注意自己的言行举止，努力做到相处有道。在《弟子规》中的"出则悌"部分，"出"是指家庭之外，"悌"包含兄友弟恭，包含尊敬长辈的礼节态度。"出则悌"讲的是，家中的兄弟姐妹之间应该如何相处，以及我们和长辈在一起应该遵守什么规矩以及离开家里，或者我们要外出的时候，我们应该如何注意我们的行为。"悌道"实际上就是"孝道"的延续，因此古人往往把"孝""悌"并称，作为评价一个人最重要的标准，并视之为做人的根本。

毋庸置疑，职场中，人与人之间都存在潜在的竞争关系，但这并不是唯一的关系。职场关系更应该是和谐友爱的，正如"兄道友，弟道恭"所传达的兄弟关系，"长者先，幼者后""称尊长，勿呼名，对尊长，勿见能""路遇长，疾趋揖，长无言，退恭立""事诸父，如事父，事诸兄，如事兄"等文句所传达的与长辈的相处之道。人与人之间的相处，贵在能和睦，职场同样需要和谐友好的氛围。如果在职场这个大家庭之中，每个职场员工都是各怀心思，戴着一副虚伪的面具与他人相处，遇到矛盾时也是斤斤计较，那么职场人际关系无疑是紧张的，同时阻碍着公司企业的发展繁荣。所以，在职场中与人和睦共处是非常重要的。

和,从来就是一种文化,是需要人们精心培育和建设的文化。它有多重含义:相安,协调,平息事端;和美,和睦,和衷共济;祥和,和平,和气悦人。除了有对立统一的"阴阳之和"的意思之外,还有"合适""恰当""适中""无过无不及"的"恰到好处"之意。

"以和为贵"的思想随着中华文明,流淌了几千年。事事以和为贵,会少许多干戈,会少许多烦恼。战国时的蔺相如完璧归赵后又与赵王渑池赴会,因功高,赵王封蔺相如为丞相。居功自傲的廉颇怒满胸膛,定要与蔺相如分个强弱。屡次故意挑衅,蔺相如始终忍让。非是蔺相如无胆量,怕的是手足相残于国有伤。后廉颇终于醒悟,负荆请罪。将相和好,共同辅国,国家无恙。

孟子在《公孙丑》下篇中说:"天时不如地利,地利不如人和。"三者之中,"人和"是最重要的起决定作用的因素,"地利"次之,"天时"又次之。三国中的曹操占天时,兵多将广,孙权占地利,势在长江,而刘备占人和,拥有大将关羽、张飞、赵云和智囊诸葛亮。最终蜀汉与东吴联盟,而曹魏百万雄师却烟火飞腾,红透长江。

"和"在日常生活中尤为重要。生活中许多事情的争吵,细想起来都没有必要。民间一直流行这样一句顺口溜:"人生本是一台戏,因为有缘才相聚。为了小事发脾气,回头想想又何必?"仔细想想,确实是这么一回事。人与人之间没有什么大怨,只是些鸡毛蒜皮的小事,为什么争吵不休呢?万事以和为贵,做人应该有一颗仁和之心、谦和之德、温和之气、慈和之容。人与人之间,彼此少一些盛气凌人,多一些态度温和,凡事换位思考,就会少许多不必要的争吵和不开心。用退一步海阔天空的做法,来换取一份好的心情,何乐而不为?

职场更应以和为贵,同事之间互相尊重,互相帮助,互相支持,互相鼓励,营造和睦友爱的职场关系,是非常重要的,也是一个优秀员工的素质之一。

丽英大学毕业后的第一份工作是前台，前台在任何公司里基本上是个薪水最低的工作了。但是，丽英干得很认真，并且对同事很友好。

公司人力资源部经理李悦为了自身发展，辞职跳槽了。但是，根据公司规定：必须提前一个月向公司提出辞职，以便有足够的时间招聘新人接手。

李悦提出辞职后的一个月，平时在她眼前晃动的笑脸就都不见了，有时候在公司走廊遇到，以前都是热情地打招呼甚至还给予热情的拥抱，邀请一起去附近吃午饭、逛街之类的同事，现在连句话都懒得说，甚至都不看一眼了，走路时都低着头。这让李悦非常寒心，真切地感受到了炎凉。

但是，丽英依然对李悦很好，作为前台，丽英的工作岗位在公司的门口，李悦出进都经过丽英的面前，丽英每次都热情地冲她打招呼。周一早晨丽英发觉李悦的眼圈青青的，丽英以开玩笑的口气关心道："李姐，你怎么弄得像熊猫眼？一看就是严重缺觉，周末通宵上网还是看电视剧了？"李悦停住步，长叹口气："哪有时间看电视剧啊，我妈在医院动手术了，这几天连续在医院看护我妈，前几天是我爸照看的，周末和晚上我才去，这几天老头实在累得够呛，家里有人生病，真是……"听完李悦的牢骚后，丽英说道："好辛苦啊，估计你是直接从医院来上班的，哪个医院，离单位远不远啊？"李悦叹息道："挺远，在市第二人民医院……"

下班后，丽英坐车去了医院，她买了营养品和水果后，给李悦打电话："李姐啊，伯母在哪个病房啊？我过来看望看望伯母！"李悦很意外，这个时候她醒悟过来原来丽英早晨是套她的话，她心里暖乎乎的："这么远的来看我妈，太感谢你了……"

丽英那天没有走,坚持要留下来陪护:"我一个人住,回去也是一个人,还不如在这照顾伯母呢,和你替班,正好你也休息一下,这几天你真是太累了,我看着都心疼!"这番实在话说得李悦感动不已。

此后的一个星期,丽英每天下班后都去医院陪护李悦的母亲。李悦想自己一个已经交了辞职书即将离开公司的员工,一个大家都开始冷漠面对的员工,丽英居然还这么帮助自己,雪中送炭的情谊让李悦难以忘怀……

李悦跳槽到一家大型民企担任人力资源部经理后,随着企业的发展,人力资源部缺人手时,李悦一下就想到了丽英,她把丽英的敬业精神和工作能力夸奖了一通,力荐丽英过来,老板同意了。于是,丽英被李悦挖了过来,担任人事助理,薪资是以前的两倍。

又过了两年,因为工作成绩优异,李悦被老总提拔为副总,在李悦的建议下,老总提拔丽英担任了人力资源部经理。月薪拿到了一万五,是以前当前台时候工资的五倍。

友爱和睦的气氛是职场中最珍贵的资源。职场中,有个很不好的现象,那就是职场新人和即将离职去的员工总是会受到挤兑和冷遇,在他们受到冷遇的时候你对他们好,这种好等于雪中送炭,这种真挚的情谊会让人非常难忘,在对方有能力帮助你的时候,一般都会伸出援助之手。只要身处职场就要时刻保持恭敬友善、友爱和睦的处世态度,这不仅有助于提升个人人格魅力,而且有助于赢得别人的信赖。

职场是一个大家庭,人与人相处要相互包容,相互支持。职场的优秀员工都懂得和气生财,用理来说服没理的同事或客户,不仅给人留下好印象,更会赢得他人的信赖。人人都有自尊心和好胜心,但金无足赤,人无完人,每个人都会偶尔有过失,每个人都有需要别人原谅的时候。

　　以和为贵，平等尊重，这是每一个职场人应学会的技巧，也是《弟子规》给我们的最有用的启示之一。在职场上，上级领导应该尊重员工自尊心，保护合法权利，同时积极加强与员工的沟通交流；下级员工应该摆正自己的位置，尊敬领导，时刻对上级领导保持敬畏之心，但敬畏并不意味着害怕，对于领导不正确的做法，要合理地表达自己的意见，积极主动完成工作，同事间应该本着平等尊重原则，互相帮助，互相学习，和谐相处。只要你真诚对待他人，有理也懂得礼让三分，相信你一定会得到应有的回报。正如俗语所说"和气生财"，良好的处世态度，不仅让你在职场中如鱼得水，更能让你创造更多的财富。

 同事相处，平等尊重

　　职场，看似平静，实则激流暗涌。繁忙的都市生活使每个人都面临不小的压力，彼此之间因为竞争的关系，也很容易造成剑拔弩张的紧张局面。同事间的交往是个令人头疼的问题，只有深谙同事间复杂敏感关系的实质，懂得同事间的交往法则，才能与形形色色的同事相处有道，成为职场中如鱼得水的人。

　　《弟子规》中"兄道友，弟道恭""言语忍"等句子，包含着平等尊重的精神内涵。在心理交往的世界里，人与人之间理应是平等尊重的，正所谓"投之以桃，报之以李"，那些尊重他人的职场人总能赢得更多的尊重和信赖。相反，那些妄自尊大、不尊重他人的人总会招致反感，最终使别人都敬而远之，甚至厌而远之。尊重人不应只停留在语言上，要用行动来证明。更为重要的是，要用心去尊重每一个人，每一件

第三章 出则悌：兄友弟恭，团结和谐

事，哪怕是一件小小的、微不足道的事。

小张的一个朋友是纺织企业的老板。他的企业虽然也受到了金融海啸的影响，但是员工们却能够与他风雨同舟，这使得他很快就走出了出口受阻的困境，通过开拓国内市场获得了较好的发展。

一次，小张问一位从外企跳槽过来的工程师："依照你在外企的工作经历，完全可以选择一家更好的企业，可是，你为什么选择为这家企业工作呢？"

他告诉小张说："这个企业的老板非常懂得尊重员工。我来应聘时，有三件事给我的印象非常深刻。第一件事是，我们的老板从来不直接称呼员工的名字，而是称呼某某师傅。第二件事是，老板的办公室非常干净整洁，但是办公室的门永远是敞开的，对于来访的员工从来都是热情欢迎，即便是那些一身汗水和油污、光着膀子的员工也可以随时进去谈事情。第三件事是，他的办公室里只有一个挂衣架，当时我来应聘的时候，他亲自接过我的外衣挂在衣架上，而把自己的外衣挂在门把上。这三件事告诉我，这个老板是个可以信赖的人，他非常尊重员工，甚至连一件小事也都考虑得非常周到。"

可见，尊重无小事。只有做好小事，才可以做好大事。"骑下马，乘下车，过犹待，百步余。"《弟子规》里讲的这些内容是要求我们对长者要讲礼貌，要注重言行细节中对长者的尊重。应用到职场上，我们的员工对领导、同事的尊重不应该只是停留在口头上，而是应该体现在言行的每一个细节中。

职场中同事是与自己一起工作的人，与同事间的相处直接关系到自己的工作、事业的进步与发展。职场中同事关系不同于家人和朋友，能

否处得和谐、融洽，对工作是否轻松愉快有着很大的作用。同事交往的基本原则应该是平等和相互尊重。对待自己的同事需要保持一颗平等尊重的心态，不能厚此薄彼，更不能狂妄自大。

张丽在亲戚的推荐帮助下来到一家外贸企业工作。刚来上班的时候，她还是很有礼貌的，主动和同事打招呼，关心同事，所以同事们也都比较喜欢她，乐于和她打交道。由于她工作成效不错，也得到了升职加薪。但是，升职加薪后的张丽却像变了个人似的，见到同事总是摆出一副盛气凌人、高高在上的姿态，而且喜欢打听别人隐私。有一次，她的一份文件找不到了，她竟然质问周边的同事谁拿了她的文件。于是，张丽和同事间的关系渐渐疏远。

平等，是人类追求的最高文明价值之一。每一个职场人首先是公民社会中的一个公民，其次才是一名职场员工。所以，在职场上，要想赢得别人的尊重，首先要学会保持平等的心态，尊重别人，包括尊重对方的隐私和劳动成果等，这也是建立良好的职场同事关系的首要准则。案例中的张丽的职场行为就是没有保持一颗平等的心态，更缺乏对同事的尊重。

与同事建立良好的人际关系，首先必须从自己做起。用诚实的心、真挚的情感、宽阔的胸怀、谦虚的态度，感动和赢得同事的理解和支持，不是手足，胜似兄弟。

对同事要尊重与诚实，注意言行一致，诚实无欺。生活中，既不拉帮结伙，又不虚情假意，处处维护领导的威信和同事的尊严。另外，对同事要谦虚谨慎，不能自己工作有点成绩，就觉得身边的同事均不如你，目中无人，或背后议论同事的不是。应该越是有成绩越要谦虚谨慎，这样才能得到同事的尊重。要在工作上对同事给予积极的支持和配合，特别要值得注意的是，同事之间要相互补台，绝不能相互拆台。别人有了成绩要祝贺，绝不能妒忌，因为众人拾柴火焰高。同时，对同事要关心、友好，如发现同事家有个大事小情、生活困难，要主动伸出友谊之手，千方百计帮助人家，危难时刻见真情。

需要记住的是：在职场中，不要在水平比你高、能力比你强的同事面前表现出缺乏自尊和自信，也不要在水平比你低、能力比你差的同事面前表现得盛气凌人。另外，也不要在同事面前说绝对话、过头话，不要扫他人的兴，不要以质问的口气对别人说话，因为这些都是不尊重别人的表现。在职场中，保持一颗平等的心，尊重同事，是构建和谐职场人际关系的关键，也是营造和谐企业文化氛围的关键。

服务客户，关心照顾

服务是指为他人做事，并使他人从中受益的一种有偿或无偿的活动。根据以上"服务"的定义，不难发现，职场中的任何一个细节都是在围绕服务进行的，职场中的每个人都只是服务的创造者或者接受者。因此，适度培养自身的服务意识，与努力提升自己的专业度和技术水准一样，这是每一个职场人职业成长和发展的人生必修课。

《弟子规》中说"长呼人，即代叫，人不在，己即到""骑下马，乘下车，过犹待，百步余""尊长前，声要低，低不闻，却非宜""进必趋，退必迟，问起对，视勿移"等语句传达出的"悌"道处世态度都对职场员工如何服务客户有深刻的指导意义，是职场员工必须学习和体会的重要内容。"水能载舟，亦能覆舟"这句千年古训更是形象地说明了职场中企业与客户的关系。客户是企业生存的根本，企业的核心价值是为顾客服务。为客户服务，是每一家企业、每一个职场员工必须面临的客观问题。

如何正确、恰当地处理与客户的关系，是每个企业不得不面对的现实问题。很多时候，企业考虑更多的只是如何"管理"客户，而不是真的和客户相处，他们看到的只是利益关系，却不会考虑人性化服务的相处之道。

在以色列的耶路撒冷有一家名叫"芬克斯"的小酒吧，面积不足30平方米，仅有一个柜台和五张桌子，是一位名叫罗斯恰尔斯的犹太人开设的。

一天，美国国务卿基辛格到这里进行访问，发现了这家路边的小酒吧。晚上他突然想到这家酒吧去放松和消遣一下，于是他亲自打电话到酒吧，告诉酒吧的老板罗斯恰尔斯，说他本人以及他的十几个随从和保镖要到贵店，为了安全起见，希望贵店能够到时拒绝其他顾客来此消费。

像这样一位声名显赫的国家级重要人物竟然会光临一个普通而平凡的小店，这是一般的老板求之不得的事情；然而，面对基辛格的要求，酒吧老板罗斯恰尔斯却客气地回答说："您能光临小店，我感到莫大的荣幸。但是要我因此而拒绝其他客人，我做不到，因为他们都是我多年的老熟客，是一直支持本店的人，因为您的来临而把他们拒之门外，我就失去了信誉。"听了老板的这些话之后，基辛格只得颓丧而不满地挂了电话。

正是由于"芬克斯"敢于为了维护老顾客的利益和自己的商业信誉而拒绝了美国国务卿基辛格，这家名不见经传的小酒吧被美国的《新闻周刊》评选进入世界最佳酒吧的前十五名。

第三章　出则悌：兄友弟恭，团结和谐

客户是企业最重要的财富，是企业最独特的资源。"芬克斯"酒吧老板罗斯恰尔斯奉行了顾客利益至上、商业信誉至上的经营理念和用心为客户服务的服务理念，关心照顾每一位客户的利益和需求，赢得客户的喜爱和信赖，从而使这家小酒吧被评选为世界最佳酒吧前十五名。虽然，客户各种各样，但对职场员工来讲，其提供的"服务"应该是一致的。

有两位客人在某大城市的国际机场内的高级餐厅里就餐。只见餐厅内杯盘狼藉，叫了半天，服务员才慢慢走来收拾。客人问她有什么饮料，服务员就连珠炮似的一下报出七八种，听都来不及听。然后客人只见服务员们在聊天，却再没有人问他们需要什么服务。客人等了半小时后，才问服务员，怎么没有人为他们服务。不料服务员却说："你们为什么不举手？不举手我们怎么知道你们需要服务？"客人愤然投诉后离去。

在职场中，我们更加提倡主动服务，强调时刻以客户为中心，摆正自己与客户之间服务与被服务的关系。相反，如果我们只是一味地坚持被动服务模式，只会使客户群流失。服务客户，首先应该关注客户的需求，并主动提供与之相符合的服务，关心照顾客户，为客户利益着想，将客户满意度和企业信誉度摆在第一位。

人与人是平等的，尊重客户，关心客户，不但不是自我卑下，反而是一种高尚的职场礼仪。特别是对待出言不逊的客户，同样应给予尊重，友善对待。对客户友善、尊敬，是处理与客户关系的重要原则。职场礼仪以尊重为第一原则，通过提供热情、周到的服务来体现。

在目前充满竞争的市场上，如何抓住客户、留住客户，维持客户的忠诚度，保持市场竞争力，是企业关心和重视的问题。如何赢得和留住客户是值得讨论和深思的话题。在职场交往中，理解、沟通是建立良好人际关系的重要条件,职场人要善于把握尺度,即感情适度、举止适度、谈吐适度。客户代表为客户提供服务时,既热情友好,尊重他人,殷勤接待,又要自尊自爱,端庄稳重,落落大方,体现平等公正,不卑不亢;既要彬彬有礼,又不能低三下四;既热情大方,又不能轻浮、阿谀奉承。

用心为客户服务是一个企业迈向成熟的重要标志,是一个企业维持客户稳步发展的重要措施,更是一个企业提高自身竞争力的关键抉择。在职场中,我们应时刻谨记《弟子规》的教诲,全心全意为客户服务,关心照顾每一位客户,而且在服务的同时,我们应该多一些细腻、多一些主动、多一些关怀,这才是职场中"服务"的真谛。

 加强沟通,互动交流

好的沟通是成功的一半。所以职场上最需要的是沟通。沟通是一门艺术。沟通的艺术,不仅仅在于对语言的灵活运用和把握,更在于你能找准出发点和着眼点,站在自己和对方的角度看待问题,从而使矛盾迎刃而解。

沟通是人与人之间、人与群体之间思想与感情的传递和反馈的过程,以求思想达成一致和感情的通畅,也是社会组织之间相互交换信息以维持组织正常运行的过程。《弟子规》中,"低不闻,却非宜""问起对,视勿移"等都强调人与人之间的沟通交流。职场中,沟通的重要性更是不言而喻。在职场中沟通也是一种技能,是一个人对本身知识能力、表达能力、行为能力的发挥。职场专业人士认为,积极而有效地沟通不仅能够为职场人营造一个良好的人脉关系,而且还能为个人职业生涯带来很多好处。职场工作中，沟通与人际关系两者相互促进、相互影响。有效的沟通可以赢得同事和谐的人际关系，而和谐的人际关系使工作更加顺畅。相反，人际关系不良会使沟通难以开展，而不恰当的沟通又会使人际关系变得更坏。有效的沟通技巧是职场员工必备的技能之一。

作为分管公司生产经营副总经理的吴先生，得知一较大工程项目即将进行招标，由于采取向总经理电话形式简单汇报未能得到明确答复，使他误以为被默认而在情急之下便组织业务小组投入相关时间和经费跟踪该项目，最终因准备不充分而成为泡影。事后，在总经理办公会上陈述有关情况时，总经理认为吴先生"汇报不详，擅自决策，组织资源运用不当"，并当着部门面给予了他严厉批评，而吴先生反驳认为是"已经汇报，领导重视不够、故意刁难，是由于责任逃避所致"。由于双方信息传寄、角色定位、有效沟通、团队配合、认知角度等存在意见分歧，致使企业内部人际关系紧张、工作被动，恶性循环，公司业务难以稳定发展。

这就是一个职场上下级之间没有进行有效沟通的典型案例。吴先生事后没有针对结果与总经理提前进行面对面及时有效的沟通和总结，而是直接在总经理会议上表达自己的想法，造成总经理在不知情的情况下的言语误会，致使企业内部人际关系紧张。

谢立是某公司销售部的一名员工，人比较随和，不喜争执，和同事的关系处得都比较好，但是，前一段时间，不知道为什么，同一部门的张伟老是处处和他过不去，有时候故意在别人面前指桑骂槐，对跟他合作的工作任务也都有意让谢立做得多，甚至还抢了谢立的好几个老客户。

起初，谢立觉得都是同事，没什么大不了的，忍一忍就算了，但是，看到张伟如此嚣张，于是，一赌气，告到了经理那儿。经理把张伟批评了一通，但结果是，从此，谢立和张伟成为绝对的冤家。

职场中，同事间、上下级间应该加强彼此间的沟通，并采取必要措施化解误会和矛盾。上述案例中，谢立、经理、张伟三人犯了一个共同的错误，那就是没有进行有效沟通。谢立和张伟关系出现不和谐因素的时候，双方本应该面对面及时沟通，从而有效化解矛盾。另外，经理也过于草率，没有与当事人双方及时沟通，听信谢立的一面之词批评了张伟，导致二人之间矛盾加剧。

其实，职场中也有沟通技巧可循，职场人可以从以下几方面进行努力。第一，听从上司的指令。这是一个十分重要的职场技巧，我们只有时刻听从当上司的指令，并冷静、迅速地做出服从的回答，才可以获取老板的青睐。第二，沟通要有目的。沟通不是漫无目的的闲聊，而是为了一个特定的目标，把思想、信息、情感等在个人之间传递，并达成共识的过程。沟通的唯一目标就是共识，也就是达成双方或者多方共同认可的协议。有了共识，才能称为沟通，没有共识，不能称之为沟通。第三，即使面对批评也要表现出冷静。第四，以最委婉的方式传递坏消息。一遇到工作难题就立刻冲到上司的办公室里报告这个坏消息，就很容易让上司质疑你处理危机的能力，所以即使面对危机也要表现出从容不迫的态度，这是每一位职场人应掌握的职场课程。第五，注意理性的沟通。第六，注意换位思考。

沟通是双向的，有效沟通不但是一门艺术，更是社会生存的技能。在激烈的职场竞争中，沟通是保证职场员工顺利完成工作任务的必要前提。只有通过沟通才能让上司、老板、同事、客户明白你所表达的意思，才能相互促进，从而更好更出色地完成工作。"文胜质则史，质胜文则野，文质彬彬，然后君子也"，语言是一门艺术，语言表达是推进沟通的有力工具。在沟通时应注重表达方式，应时时刻刻保持平等尊重的心态进行有效交流沟通。

得理让人，难得糊涂

得理让人、难得糊涂，是一种宽容，是一种风度，也是一种思想修养，更是为人处世的真谛。《弟子规》中写道，"财物轻，怨何生，言语忍，忿自泯"，意为：与人相处不斤斤计较财物，怨恨就无从生起。言语能够包容忍让，多说好话，不说坏话，忍住气话，不必要的冲突、怨恨的事情自然消失。该句的重点在一个"忍"字，即容忍、忍耐。

从某种意义上讲，职场，是一方没有硝烟的战场。职场人际关系复杂，在这里，人与人之间都存在着利益上的潜在竞争关系，每个人都在寻求自身利益的最大化。但却忽视了宽容、难得糊涂这项职场准则。"财物轻""言语忍"就向我们有力地传达了宽容和难得糊涂的职场哲学。

你若能宽容别人，别人也能对你宽容，这是生活的辩证法则。在职场中，虽然人与人之间存在着竞争关系，但我们绝不能把同事当作阻碍自己职业前途的障碍，排挤同事，甚至落井下石，而是应该保持一颗宽容之心。学会宽容，学会得理让人，学会适当地"装糊涂"，对于职场员工来说这是极其重要的一条职场规则。

刘辉是分公司的业务经理助理，为人机灵，处事圆滑，懂得察言观色，特别懂得"装糊涂"，他的经验就是"处理比较棘手的问题时，千万不要太'聪明'"。

业务部新来的小张是公司总部某经理的亲戚，小张的到来，无疑给业务经理出了难题。"小张的工作，经理不能不管，也不能管太严。"

当时正赶上公司每年一次去南方进行业务交流学习，小张也想参加，就向经理提出了申请。而在此期间，总部那位经理也暗示业务经理"给小张锻炼的机会"，这让经理犯了难。让新人去南方学习，显然不合规矩，但碍于总部经理的面子，业务经理又不好推辞。为了给自己留退路，业务经理便将此事交给了刘辉，并嘱咐他"看着办吧"。

"我把小张安排在了明年的交流人员名单上。"刘辉告诉业务经理，会尽量想办法让他去。眼看出差日期临近，去南方交流人员的名单上交到总部，可里面没有小张的名字。总部经理向业务经理询问此事。刘辉向对方解释说，是他误解了经理的意思，所以就安排到了明年，今年的名单已经上报，所以不能更改了。当着总部经理的面，业务经理"批评"了刘辉，说他把事情弄得有些被动，还一直向总部经理解释。而刘辉则满脸无辜，装作自己理解错了。事已至此，总部经理也没再说什么。

"这件事只能我装作理解错误，否则经理就真的被动了，而且对于这次本该去交流的员工来说，也不好交代。"刘辉说，作为助理，总会遇到类似情况，最聪明的做法就是"装糊涂"。

南怀瑾先生所谓"有些地方马虎一点儿",实际上是说,处世不要过于较真。过于较真的人往往也过于固执,做事太死板,容易走进"死胡同"。因此,人不要一条道路走到黑一个死理认到底。天下没有过不去的河,也没有解决不了的问题,关键是要懂得"转弯"。自己拥有的并不一定是真理,他人的不同意见,也可能是对的,或可能有一些道理。在与老板或者领导的相处过程中,职场员工一定要学会得理让人,学会适当地"装糊涂",反之,如果你事事计较、睚眦必报,那么你的职场路注定将充满曲折和困难。古语也有说,"人至察则无徒,水至清则无鱼",职场中,同级同事间的利益竞争关系更为严峻,当同事有困难时,不应幸灾乐祸、落井下石,而是应该保持宽容心态,否则很容易陷入四面楚歌的绝境之地。同时,即使我们真的在职场中遭受到不公正的待遇或身边人犯了错误,也记住千万不要生气愤怒,而应学会宽容,适当地装回糊涂。因此,在职场中,无需事事都与人斤斤计较,该糊涂时就糊涂些,在宽容他人时也不会损害到自己的利益和心情。由此可见,在职场中,在不违背原则的情况下,适当的"糊涂"可谓是一种人生大智慧。

两年前,张娜在律师事务所做助理律师,虽然已经取得了相关的资格证书并有了两年的工作经验,但始终没有转为正式律师。"当时我总在想,是我的资历不够,还是带我的老师看不上我,为什么不让我独立接案子呢?"

在日常工作时,老师总是只让张娜做一些搜集资料、备案、熟悉案情、找关系人等小事,可每当走入法庭,需要辩护时,老师就安排她在一旁"观战",从不让她正式参与,这让张娜很郁闷。"当时我觉得,老师说的做的,我都学会了,只差实践,可他就不给我机会。"张娜以为老师对她有偏见。为了能够尽快成为正式律师,张娜找她的老师谈过,可老师总是说"时机不成熟"。

"我觉得在那没有出头之日,所以就有了辞职的念头。"纠结考虑了很久,张娜将辞职申请放到了老师的桌子上,并告知一个月后,她就离开。"当时老师并没说什么,只是看着我说了句'知道了'。"看到老师冷冷的态度,张娜很伤心,更坚定了她离职的决心。

在递交了辞职申请的半个月后,老师忽然交给张娜一宗案子,并让她尝试着自己整理。接到卷宗的一刻,张娜很激动。"老师终于肯放手让我独立完成了。"可没过一周,张娜又有些茫然了。以前跟老师一起处理案情时,并没有感觉案子多么复杂,都是老师让怎么做就怎么做,可真到了自己单打独斗的时候,就有些不知从何入手了。张娜这才明白,不是老师不给她机会,只是自己经验尚浅,还不足以独当一面,可辞职申请都交了,张娜顿时有些后悔。

眼看一个月的时间就到了,张娜找到了老师,想承认错误并要回辞职申请。可老师只问关于案情工作的事情,丝毫不提辞职申请。当张娜说想要回申请时,老师竟反问她:"什么申请?你什么时候给过我?你要辞职,这是什么时候的事?"一连串的问题,问得张娜哑口无言。"别整天胡思乱想,看你那个没头绪的样子,这案子还是我来吧,你还得锻炼啊。"最后老师甩给她一句忠告。

虽然挨了批,但张娜很高兴。从那开始,张娜加倍努力,再也不提"没有发展"的话了。如今,张娜已经是一名正式律师了,可说到那次辞职,她就惭愧:"我从心里感激老师,如果老师当时没有'装傻',给我留机会,我真的会自毁前程了。"

在现代职场上,工作压力是不可避免的,学会换位思考,能够容忍别人的错误和缺点，宽以待人，得理让人，对别人的错误装回糊涂，对别人是一种宽容，对自己也是一种宽容。毫无疑问，面对复杂的职场人际关系，难得糊涂是一种重要的抉择。毕竟，真正的职场高手，正是大智若愚、难得糊涂的。

 **求同存异，化解矛盾**

"求同存异"的思想是团队协作精神里很重要的一条，它在《弟子规》中也多处体现，它教人不要固执己见，凡事谦虚低调，这是职场中的黄金定理。

小熊能言善辩的口才在大学时候就显露了出来。他担任大学辩论协会主席，代表班级参加辩论赛，经常是辩论场上的首辩。同学们都很佩服他的辩论天赋，他对自己的优势也深以为荣。小熊在课堂上喜欢和老师就某个问题激烈争辩，大家都了解他这个特点，所以只要他一开口，大家就打趣说："事实胜于'熊'辩。"

同学们都认为，小熊凭自己的口才，在以后的工作中肯定会发挥得更好。大学毕业已经很多年了，大家都想着他一定春风得意，快马轻裘，一路风光。结果在一次同学聚会上，大家才知道根本不是那么回事。小熊换了几家公司，但职场一直没有什么起色。

大家分析了小熊毕业后的表现，得出了这样一个结论：小熊的嘴太会辩了，辩得过多，处处不让人，得理不饶人，导致人际关系较差,影响了他的升迁。

最后,同学们给他出了一招:学会求同存异。以后不要再在一些小事上和别人争论不休,有时候争论的意义不在于非要有一个明确的结果,只要你能把自己的想法清晰地表达出来,接受与否就不要计较太多。听到"和谐的音符"要虚心接受,听到对立的观点也不要像大学时的辩论赛似的,不把对方驳倒誓不罢休,要尊重别人的意见,学会在不同的声音里求同存异,适时做个"和事佬"。

不可否认,像小熊这样的人领导不重用,同事不喜欢。企业用人,目的是把事情做成、做好,而不是争论谁的观点正确或比赛谁的辩术高超。我们是在保证原则的基础上,寻找共同点,以达到促进和维护存在不同观点的个体和团体之间团结协作的成功。人与人之间,小组与小组之间,企业与企业之间,有一些分歧和矛盾不要紧,只有我们肯挖掘双方的共同点,愿意求同存异,或者说愿意异中求同,才能有更多的合作,才能有更多的成功机会。

常言道,"金无足赤,人无完人",职场中由于每个人的阅历、知识、能力、水平、性格等方面的差异,要想做到八面玲珑也不太容易,这就致使职场员工相处过程中可能会出现矛盾,甚至激化矛盾。为有效避免这类情况的发生,这就需要我们在职场人际交往中做到求同存异、坦诚相见。在职场中,秉持求同存异的处世原则,不仅会使自己在职场中轻松自如,构建和谐的人际交往关系,而且有助于打造优质化的团队,高效完成工作任务。

职场中的"求同"不仅仅是停留在别人和我们的想法一致上,更高一层次的是,能从别人的"异"中汲取营养来充实和提升自己。也许别人的做法和我们不一样,但是也可能是事情的另外一种解决方法,这就需要我们虚心学习。

第三章 出则悌：兄友弟恭，团结和谐

任安性格开朗大方，乐观自信，毕业后进入一家药品销售公司工作。因为工作努力，能力突出，他的业绩步步高升，不到半年，就被提拔为销售主管。

当上主管后，任安发现作为中层领导也有中层领导的难处。因为经过一段时间的观察，他发现自己的下属做事时总是拖泥带水，懒懒散散。面对这种情况，任安没有抱怨，而是冷静分析之后召开了一次业务会议。在会上，他开诚布公地鼓励每个人都说出最真实的想法，包括对他自己的期望和看法，以便以后能做到求同存异，和谐相处。

这次会议开得非常成功，所有的人都畅所欲言，发表自己的建议。任安把大家的意见全部写在黑板上，然后说道："我们这个团队每个人都有每个人的特色，但为了完成共同的目标，我们要找出我们的共同点来，大家希望我们这个团队有什么特色？"

他们很快取得了满意的答案，那就是忠心、诚实、乐观、进取、合作以及每天8个小时热忱敬业地工作。

哲学上讲"世界上没有两片相同的树叶"，其实人也是一样。在一个成员形形色色的团队或集体中相处共事时，人们对同一个问题，常常会产生差异极大的看法，以致引发不同程度的争论，稍不小心就容易伤了同事间的和气。这对职场员工的发展是不利的，轻则工作中受到阻力，重则被排挤出局。因此，我们需要紧紧把握好"求同存异"这一人际交往原则，在和他人相处的时候维护别人的利益，在自我和他人之间寻找契合点，这样双方的利益就都能实现，才能达到双赢的局面。上述案例中的任安就是一个贯彻"求同存异"职场处世理念的高手，他在业务会议上鼓励大家畅所欲言，并积极寻找共同点，这种做法是对

"求同存异"的有力诠释。通过采取求同存异，任安不但发展提升了自己，更加增强了团队凝聚力和向心力。

那么，职场员工如何做到求同存异，进而有效化解矛盾呢？我们可以考虑从以下几个方面着手。第一，寻找彼此之间的"共性"。在与不同类型职场员工的交往过程中，总会发生一些不尽如人意的事情，这虽是正常现象，但却会影响个人发展和进步。所以，如果想要和不同类型的职场员工和谐相处，必须练就一双善于发现彼此之间的"共性"的眼睛，然后借助这些"共性"来达到彼此的交融。第二，学会换位思考，体会他人的立场和苦衷。第三，尊重他人的独特个性。每个职场员工都有其独有的性格和特点，在产生不同的意见时，我们不能妄图通过改变别人来解决问题，而是应该学会尊重别人。

总之，每个人最大的资本并不是来自别人的认同，而是来自保持自身恰当的独特性，只有具备对方所不具备的，对方与你交往才有收获，求同存异，和而不同，在不断地交流互动中相互影响、相互促进。所以，在职场工作中学会求同存异，加强沟通，都将推动职场工作中矛盾问题的有效解决。

 **团结协作，群而不党**

歌德说："不管努力的目标是什么，不管他干什么，他单枪匹马总是没有力量的，合群永远是一切善良思想的人的最高需要。"团结协作是职场人在职场竞争中生存的生命线，是企业得以不断发展壮大的后盾力量。

在职场，一味讲求个人的出类拔萃、光芒四射显然是不明智的，到头来反而可能成为一个具有悲情色彩的英雄。这是狭隘的个人英雄主义,每个职场中人都应谨记,尤其是那些自认为"喝过几瓶墨水"自我感觉良好、成功欲望极为强烈的"大虾"们,更应克服这种被职场成功欲念所掩盖的弱点。

> 曾有一位年轻帅气的"海归",从美国麻省理工学院学成归国,被上海的一家专门从事新能源开发的公司高薪聘用。公司对他寄予了厚望,也十分信任,委任他为一个太阳能应用项目研究团队的项目总监,并将公司经验丰富、具有学识优势的研究员配备给他。
>
> 这个项目研究一旦得到突破,将奠定公司在同行业中的核心地位,公司对他寄予厚望。凭着他的学识以及过去取得的成绩来看,半年之内取得研究突破应该不成问题。然而半年过去了,不仅他所负责的项目一无所获,而且项目组竟然遇到了濒临瓦解的危机,公司内几位经验极其丰富的研究员相继跳槽。董事长大为震惊,调查了解一番后才知道,原来他自恃"海归"身份,自以为掌握着行业研究的前沿信息,对公司配备给他的这些"土鳖"看不上眼。他宁愿一个人躲在实验室里夜以继日地做研究,撰写研究报告,也不愿调动起其他人的力量共同参与进来。而遗憾的是,他所学专业固然具有较强优势,但毕竟在应用领域知之甚少,技术突破也只能停留在工作计划阶段,最后无果而终,只得重回美国"深造"。

一个篱笆三个桩,一个好汉三个帮。这是一句大家耳熟能详的俗谚。然而一旦置身其中,真正能参透并恪守的又有几人?职场就是江湖,仅靠一个人的本领单打独斗是创造不出什么辉煌的,即使你浑身是铁又能打得几颗钉?这位年轻"海归"就是犯了这个错误,太把自己当回事，太急于创造证明自己的成绩，太不懂得合作的道理，所以酿成了职场上的惨败。

因此，在职场不要有"凡事自己来"的观念，完全不靠别人帮助的人是走不了多远的。凡事坚持独立完成虽然会让你有成就感，但相对来说风险也大。要想让自己成为一个成功者，就得想办法获得他人的帮助，这种帮助不仅仅来自你的上司和同事，还可能来自其他对你的事业有帮助的人。

在职场中，一个不注重团结协作的人必定是企业发展的"拦路虎"，会遭到团队成员无情地排斥。一般而言，缺乏团结心的员工对公司的发展是致命的。公司上上下下，从高层到基层，没有谁更特殊，没有谁能特立独行。

但是团结协作不是拉帮结派。虽然《弟子规》要求我们要团结，但我们一定要明确：千万不能搞小帮派以结党营私，要做到群而不党。"群而不党"的意思是与众合群，但却不结成私党。这句话用到企业管理中，就是好的员工一定能够积极地融于团队，而不私下里搞小团体。

君子出于公心，小人囿于私利。出于公心所以能胸怀宽广，纳百川而归于海，搞五湖四海而不搞拉帮结派；出于私利所以就心胸狭窄，结党营私而排除异己，搞宗派主义而不讲道义原则。那些光明正大的人，即使组织在一起，也只是为了工作的需要，而不是结党营私，牟取私利。

假如我们留意一下身边那些获得升职或加薪的同事，就不难发现，他们有一个共同点，即社交圈子广泛，而且一视同仁，一定不会是"小圈子主义"者。团结他人需要以大局为重，而对于"小圈子"要敬而远之。公司需要的是具有共同价值观的团队，而不是为了某种私利而一拍即合的"团伙"，因此老板对各种形式的"小圈子"都深恶痛绝。在"小圈子"内大家看似很团结，但面对公司整体利益时，不同的"圈子"之间会明争暗斗，最终使公司的发展面临困境。

第三章 出则悌：兄友弟恭，团结和谐

阿清在一家房地产公司任部门经理助理，工作出色的她深得上司的赞赏。可是好景不长，她的上司通过竞聘，成功晋升为副总，而阿清的新领导则是她原上司在竞聘中的"手下败将"。现任领导对阿清很冷漠，并且经常挑刺、刁难。那段时间，阿清在公司简直度日如年。后来阿清经常有意无意地向现任领导暗示，她会忠诚为其工作，现任领导对她的态度才慢慢有所改观。

小张是某机关的普通职员，他所在科的科长对下属都很好。后来，原科长调去其他科任职，副科长升职为新科长。五四青年节那天，单位的文艺表演结束后，新科长请了全科的同事吃晚饭，饭局还没结束，新科长有事先走了。后来小张接到前任科长的电话，邀大家一起去唱卡拉OK。建议立马得到同事的响应，大家度过了开心的一晚。

可是，世上没有不透风的墙，第二天上班的时候，小张就感觉到了科室里压抑的气氛。屁股还没坐热，他就被现任科长召见。科长先是问了一下工作情况，然后话锋一转："昨晚你们是不是和××科长一起唱K了？"他一听就知道不妥了。现任科长顿了顿说："有同志反映，是你主动联系的。"顿时，小张百口莫辩，背上全是汗。

自从那次事件以后，科长认定了小张是"前科长的人"，不给小张任何表现的机会。小张也不敢再主动和前任科长联系，路上遇到也只是打打招呼，不敢多停留。无端成为前后两任科长的夹心饼，小张郁闷不已。

陈海从2002年就开始任一国有上市公司的办公室主任。8

年来，公司的董事长换了四五茬，但他的位置依然不变。原来，每次风云暗涌时，他都尽量保持中立，不去"站队"，任由高层斗得火热，他专心做好自己的分内工作。结果"改朝换代"后，那些以为站对队伍的人都被炒掉或调离，只有他安然无恙。

"职场站队"是职场"拉帮结派"的代名词，也是职场"潜规则"之一。孔子还曾明确提出君子"群而不党"的观点："君子自重而不与人争夺，合群而不拉帮结派。"职场中的成功人士，绝大部分都是从来不"站队"的。上述案例中的办公室主任之所以能够在职场中站稳脚跟，这与他一直以来的做事风格和态度有关。

在纷纭的职场环境中，不"站队"者不一定很圆滑，但是值得肯定的是他们敢于坚持自己的想法，这样的职场员工才有潜力成为职场里的"常青树""不倒翁"。据调查显示，80%的职场成功人士是从来不"站队"，也不拉帮结派的。"站队"有风险，也许有人靠"站队"获得了一些机会，但不可能永远保持成功；不"站队"的人不一定有好处，但是，坏处更小。在职场中不应该投机取巧，只有踏踏实实做好工作才是最终的成功之道。

总之，为立足职场、立足社会，我们主张职场员工应该保持团结协作的态度，但职场团结并不意味着要在职场拉帮结派。广大职场员工应该对职场"站队"现象保持安全距离，自觉拒绝职场"潜规则"，从真正意义上做到团结友爱，"党而不群"。

第四章

谨：谨守礼仪，谦虚谨慎

"谨"是修身的根本。《弟子规》在"谨"这一部分，详细列举了日常生活中常见的一些注意事项，如朝起夜眠，衣冠步履，洒扫应对等，通过特别细小的生活琐事，告诫子弟要处处谨严，慎重小心，不可疏忽随便。其实也就是在特别地强调和告诫子弟为人处世中最为重要的准则，也是儒家人处世精髓——谨守礼仪，谦虚谨慎。轻浮傲慢、锋芒毕露恰恰是儒家处世之禁忌。

学好《弟子规》 提升职业素养

 **有礼则安，无礼则危**

我国自古就是一个礼仪之邦，"人有礼则安，无礼则危""人之有礼，犹鱼之有水"等名言无不体现出文明礼仪在我们生活中的重要作用。礼仪是人们在长期共同生活和相互交往中逐渐形成，并且以风俗、习惯和传统等方式固定下来的，是一项最基本的道德规范，是一个人内在素质和外在形象的具体体现。《弟子规》中的"谨"篇就很好地诠释了生活职场中应该遵守的礼仪规范，深得"礼"之精髓，特别强调礼仪，要求人的威仪要从容大方。告诫我们："或饮食，或坐走，长者先，幼者后""长呼人，即代叫，人不在，己即到""尊长前，声要低，低不闻，却非宜。进必趋，退必迟，问起对，视勿移""步从容，立端正，揖深圆，拜恭敬。"这些都是人际交往中应遵循的礼仪，在职场中同样具有重要的指导价值。

在职场上，礼仪不仅体现着一个人的道德水平、文化修养、交际能力，而且在一定程度上反映着一个企业的文明程度、道德风尚和文化氛围。礼仪是普通人修身养性、持家立业的基础，而职场礼仪的重要性从某种意义上讲，比智慧和学识都重要。职场中讲究礼仪不仅可以帮助人们实现理想、走向成功，还可以促进全体员工团结互助、敬业爱岗、诚实守信，可以增强人们的交往和竞争实力，从而推动各项工作、事业的顺利开展和发展。反之，则会诸事不顺，因为"无礼则危"。

小金是某公司的员工，某天正好去财务部窗口领工资。在等候的时候，他随手把手中捏着的一张无法报销的票据揉成团

第四章 谨：谨守礼仪，谦虚谨慎

扔在了地上。其他部门的同事看见了，心里想："那个部门的人素质真差！"恰巧此时有位顾客来财务部交定金，他看到小张把纸团扔在地上，心里想："这个公司的员工如此行事，他们做的东西质量会好吗？售后服务会有保障吗？还是先别交定金了吧，回去再斟酌斟酌！"生产部经理陪着几位外商参观公司，正好路过这里，地上的纸团没有逃过大家的眼睛，结果外商指着纸团问老板："这样的员工，能做出符合质量要求的产品吗？"本来不费吹灰之力便能扔到垃圾桶里的一小团废纸，导致公司失去了数百万元的订单。

正所谓"人无礼则不立，事无礼则不成"，哪怕最微小之处，失了礼仪，也就失了发展的机会。想要在纷繁复杂的现代职场社会中走得更远、更好，就要时刻注意保持自身的礼仪。所以，职场一定要以礼为先。见到老板、上司应该主动打招呼，"路遇长，疾趋揖"。能主动热情地向同事打招呼并沟通交谈。要尊重别人，不随便叫喊、打扰别人，"称尊长，勿呼名，对尊长，勿见能"。在行走时能主动礼让，"长无言，退恭立"。同事之间相互打招呼、问候，"奸巧语，秽污词，市井气，切戒之"。工作中与同事友好合作，"凡取与，贵分晓，与宜多，取宜少"。

人有礼仪规范，人际关系就会和谐；没有礼仪规范，就会产生危害。在生活或工作中，若不想遭人嫉妒乃至怨恨，最好的行为便是"凡事以礼为先"。也许你不经意的一种行为，随地吐痰、乱扔纸屑、出言不逊、耀武扬威等不礼貌的言行举止都会招致别人的反感和厌恶。上面这个案例正是对"有礼则安，无礼则危"的有力诠释，广大职场员工应该引以为戒，并加强自身素质建设。

德国有这样一句谚语：脱帽在手，世界任你走。有礼节不一定总能为你带来好运，但没有礼节却往往使你与幸运擦肩而过。

50多年前，苏联宇航员加加林乘坐"东方"号宇宙飞船进入太空遨游了108分钟，成为世界上第一位进入太空的宇航员。加加林能在二十多名宇航员中脱颖而出，起决定作用的是一个偶然事件。在确定人选前一个星期，主设计师罗廖夫发现：在进入飞船前，只有加加林一人脱下鞋子、只穿袜子进入座舱。就是因为这个细节，加加林一下子赢得了主设计师的好感。罗廖夫感到这个27岁的青年如此懂得规矩，又如此珍爱自己为之倾注心血的飞船，于是他决定支持加加林执行这次飞行。

加加林因为对主设计师的尊重而获得了执行飞行的机会，最终大获成功。对于知礼守礼的员工来说，成功的大门会向他们敞开。他们随即受到同事热情的接待。假设有这么两个员工，一个是在待人处世方面有礼，举手投足无不具有绅士风范；而另一个举止粗鲁轻佻，对人总是吹毛求疵，没有一点合作精神。很显然，前者的事业会蒸蒸日上，后者只会江河日下。

所以我们在平日的工作和生活中，行、住、坐、走要注意威仪。譬如进入家门，很多人家的门口都有一个门槛，跨门槛就要注意到，不可以踩在门槛上再跳下去，这样显得轻浮、不庄重。况且我们脚踩在门槛上面，如果后面是位中年妇女，她的裙子很长，她跨过门槛的时候，可能裙子就会被我们踩过的门槛给搞脏了。这些细节我们都要处处想到别人。

站立的时候不可以东倒西歪，有的人靠在墙边一只脚站着，另外一只乱动，身体歪斜，看起来很不庄重。要坐得规规矩矩，最好两条腿并拢。特别是女孩子，把双腿并拢看起来就很端庄，大腿绝对不要摇摆。

第四章 谨：谨守礼仪，谦虚谨慎

古人讲"正襟危坐"，正襟危坐是背不靠在椅背上。腰直起来，坐凳子也不坐满凳子，坐前面一半，身体自然能够直立，这么一坐，人的恭敬心就提起来了。这些小的行为，都是圣贤帮助我们修养恭敬、谨慎之心的方法。

总之，礼仪是职场员工立足职场、立足社会的重要保证，而且"礼多人不怪"，所以每一个职场人都应该将《弟子规》中的礼仪精神内化于心、外化于行，提升自身素质，为职业前程乃至事业打下坚实的根基。

衣着整洁，仪表端正

《弟子规》之"谨"篇中探讨了许多有关仪表方面的内容，如："冠必正，纽必结，袜与履，俱紧切。衣贵洁，不贵华，上循分，下称家"，这些都是对穿戴的基本要求，也为广大职场员工提供了仪容仪表方面的重要建议。

仪容仪表是一面面向社会的镜子，映射出一个人的精神状态和礼仪素养，是人们人际交往中的"第一形象"，最直接地体现着职场礼仪，也将影响到他人对自己的整体评价。服装是无声的语言。职场着装，是职场中产生首轮效应的最主要的方面，体现着职场员工的风格、品味、人格、档次、美学修养、个人修养和综合素质，也是单位形象和企业文化的一种外在表现，更是直接影响着职场人在同事心目中的形象。俗话说"人靠衣装马靠鞍"，作为职场员工，一定要注重自己的着装。

小荣是电脑行业中的"白领"一族，工作能力很强。但她有个不好的习惯，生活中她总是不拘小节，整天穿一身破牛仔服，给人一种吊儿郎当的印象。而她从未想过注重个人形象这回事。

有一次，她去一家公司面试，穿的依旧是那套"行头"。刚一见面，负责招聘的人便皱起了眉头，谈了几句，对方便下了逐客令："对不起，我们公司需要的是工作态度和生活态度都很严肃的人！"

郑小姐在一家国内的公司工作。有一次，上级派她代表公司前往南方某城市去参加一个大型的外贸商品洽谈会。为了给外商留下一个好的印象，郑小姐在洽谈会上专门穿上了一件粉色的上衣和一条蓝色的裙裤。但裙裤上有一小片污点她自己却没有注意到。然而，正是她"精心"准备的这身服装，使不少外商对她敬而远之，甚至连跟她正面接触一下都不愿意。

这两个案例说明了职场着装也是相当重要的。在职场中，不管在什么情况下，着装都应整洁，避免肮脏、邋遢。整洁的原则指整齐干净的原则，这是服装搭配打扮最根本的原则。干净整洁的着装是仪容美的关键，是礼仪的基本要求，体现着一个人振奋、积极向上的精神状态。在职场社交场合，人们往往通过衣着是否整洁大方来判断职场人对人际交往是否重视，是否文明有涵养等。有位服装大师曾经说过"服装不能造出完人，但是第一印象的80%来自于着装"，所以在职场中不论一个人的长相多好，服饰多华贵，若满脸污垢，浑身异味，那必然破坏一个人的美感，严重影响别人尤其是领导对你的印象。值得注意的是，整洁的原则并不意味着穿着一定要高档时髦，而是保持着装干净合体、全身整齐有致。

有人认为自己只要工作做得出色，至于穿什么，不必强求。事实并非如此。衣着虽然不能直接决定我们的业绩，但对工作的影响却是潜移默化的。那些业绩突出的员工，总是以清新健康、干净整洁的形象示人的。在与客户的短暂而频繁的接触中，气度不凡的你，一定会让人耳目一新。如果业绩总是上不去，或许应当从自己的形象和着装上来反省一下了。

小张是一家物流公司的业务员，口头表达能力不错，对公司的业务流程很熟悉，对公司的产品及服务的介绍也很得体，给人感觉朴实又勤快，在业务人员中学历是最高的，可是他的业绩总是上不去。

小张自己非常着急，却不知道问题出在哪里。小张从小有着大大咧咧的性格，不爱修边幅，头发经常是乱蓬蓬的，双手指甲长长的也不修剪，身上的白衬衣常常皱巴巴的并且已经变色，他喜欢吃大饼卷大葱，吃完后却不知道去除异味。小张的大大咧咧能被生活中的朋友所包容，但在工作中常常过不了与客户接洽的第一关。

职场着装除了要求干净整洁这一最首要原则外，职场员工还应遵循以下几点规范：一是着装应符合潮流，不能太超前也不可以太落后；二是着装应符合个人身份；三是着装应扬长避短，例如如果一个人脖子短则选择穿无领的衣服比较好，不要穿竖领服装，这样有助于在视觉上拉长他的脖子；四是着装应遵守惯例，根据场合选择不同的着装。男士要蓄短发，精神饱满，面带微笑；工作时尽量穿白色或单色衬衫，袖口无污迹；领带紧贴领口，系得美观大方；西装平整、清洁，口袋不放物品。女士发型文雅、庄重，梳理整齐，长发要用发夹夹好，不能染鲜艳的颜色；化淡妆，面带微笑；着正规套装，大方、得体；指甲不宜过长，并保持清洁，涂指甲油最好自然色；裙子长度适宜；肤色丝袜，无破洞；鞋子光亮、清洁。

着装干净，仪表也要端正，才有好形象。平常要勤洗澡、勤洗脸，脖颈、手都要干干净净，要勤换衣服，消除身体异味。要保持仪容的整洁清爽，注意口腔卫生，早晚刷牙，饭后漱口，不能当着客人面嚼口香糖；指甲要常剪，头发按时理，不得蓬头垢面。仪容既要修饰，又忌讳标新立异，简练、朴素最好。一般情况下，我们都要着正装，即职业装。上班期间着装应以清新素雅、整洁、大方为原则。男士一般不要穿太休闲的衣服，女士化妆切忌浓妆艳抹，衣着不要过于暴露。工作期间，非参加重要宴会不配戴名贵首饰。一切以工作需要为度，适宜就好。

总之，干净整洁、大方适宜的着装，端正沉稳、清朗俊逸的仪表，是一个人素质的外在体现。须保持良好的形象，随时展示出饱满的精神风貌：自信、热情、诚恳、谦虚、干练、值得信赖，在每个人心中留下美好的印象，才能为下一步工作顺利进行创造更为有利的条件。

见面问安，微笑相迎

《弟子规》中讲："步从容，立端正，揖深圆，拜恭敬。"说的是人际交往的礼貌和礼仪。"揖深圆，拜恭敬"，"揖"，古人讲"打躬作揖"，这是很恭敬的一种礼节。以前的衣服袖子都很长，所以打躬作揖一定要圆才标准。"圆"，也代表圆融，代表恭敬。虽然现代人已不需要打躬作揖了，但正常的礼仪礼貌仍然是不可少的。比如见面问个安，打声招呼，露出一个微笑，都是基本的礼貌。打招呼要发自内心，要真诚，不要皮笑肉不笑，从内心发出你的和颜笑容，一定会让对方感受到你对他的尊敬，这是现代社会人见面问安的一种表现方式。

打招呼的方式是多种多样的，可以是微笑、点头、握手、招手、拥抱等，根据亲疏程度和地域文化的不同，打招呼的方式也不同。在职场中，跟别人打招呼要根据当时的具体情况来决定打招呼的方式。如果正在行走过程中，在跟别人打招呼时，要停下脚步或者放慢行走速度；如果你坐在座位上，跟同事打招呼时，微笑着点点头或者欠欠身都可以；如果在室外相距一定距离跟同事打招呼时，要微笑着向对方招手，或者高声说一声"您好"；如果在拥挤的电梯里，没有人说话，你最好也不要开口；若遇到同事向你打招呼或是目光相遇，应适时地点头、微笑，甚至回应，视而不见是不可取的。

> 小张和小孙同时进入单位工作，但一年后两人的表现却大相径庭，实际上二人的工作能力并无太大差别，相反小孙还略胜一筹。不同的是小张每次见到领导和同事都会主动上前打招呼，给大家留下了热情自信的印象；而小孙却是每次见了领导就躲着走，见了同事也装作没看见，有时即使看见了也只是低头默默走过，丝毫没有试图去和别人打招呼。一年后，小张升为了部门经理，而小孙还只是一名普普通通的员工，和同事间也存在着隔膜。

小张和小孙两人的职场之路一年之后就现迥异之相，并不是因为他们的能力有多大差别，而是因为日常处事细节的差异，有没有礼貌的差异。主动向别人打招呼，看似事小，影响却很大。不仅让别人心情畅快，更重要的是可以为你创造一个良好的工作环境。领导赏识、同事认可，在这样的环境里工作，你自然会有很好的发展。你不主动向领导和同事打招呼，对他们来说并无任何损失。对于领导来说，有很多人想去结交他，也不少你的一声问候，可是对你的影响却很大，你不仅得不到领导的认可和赏识，也不能和同事拉近距离，升职自然是无望的。在职场工作中，要学会主动和人打招呼，这既是个人素质和礼仪的重要体现，又是构筑和谐职场人际关系的必然选择。在电梯或洗手间遇到同事不要刻意回避，尽量先和对方搭话。千万不要装作没看见把头低下，给人造成不爱理人的不良印象。在与同事或领导打招呼时，职场员工注意职场称呼的恰当运用，有助于构建和谐的同事关系和上下级关系；反之，将可能带来很多不必要的工作烦恼。

  微笑也是重要的礼仪。中国有句古话："伸手不打笑脸人。"在"礼"的应用中，微笑是最简单，也是最适用的。

  微笑是一种令人愉悦的表情。微笑可以大大缩短人与人之间的心理距离，迅速增进亲近感。职场中，不管是和相识的还是不相识的人在一起，不管是去找人办一件事，还是想结识一位新伙伴，一个热情的微笑，都会像一缕霞光，给人以温暖，使人感到轻松愉快；而冷漠的、古板的态度，只会让人感到难堪，产生被人拒之于门外的隔膜心理。

  晓欢和小丽两个人大学毕业后都进入同一家企业工作。晓欢性格外向，开朗乐观，见人总是微笑着打招呼，同事们也都亲切地给予回应，一进入企业便与同事建立了不错的人际关系；而小丽性格比较内向，不爱主动与人交流，即使同事主动和她打招呼，她也只是弱弱地回一句，表情丝毫没有变化，同事们觉得她有点难相处，私下喜欢叫她"扑克脸"。三个月试用期到了，晓欢正式入职，而小丽却没有通过试用期，遗憾离开。

  微笑是一种精神力量，是一种极具感染力的交际语言，沃尔玛零售公司的人事经理说，他宁愿雇用一名有可爱的笑容而没有念完中学的女孩，也不愿意雇用一个板着冷冰冰面孔的哲学博士。工作中，当你带着一种轻松愉悦的心情去同一些满腹牢骚的人交谈，一面微笑，一面恭听，你很快会发现：过去很讨人厌的家伙，变成了一个受人欢迎的人；过去很棘手的问题，现在变得容易解决了。可见，微笑它不花费什么，但却创造了许多奇迹。所以，假如你要获得别人的欢迎，请给人以真心的微笑。

微笑本身就是打招呼的一种方式。无论以哪种方式打招呼，都应该微笑，包括握手的时候。不论在什么时候，打招呼时，都要面带微笑，眼睛看着对方，这样才会给人真诚的感觉，让人感觉你不是在敷衍了事。微笑虽然看似简单，但在职场工作中也需要讲究一定的技巧。

第一，在职场人际交往与沟通中，要笑得自然。微笑是美好心灵的外观，微笑需要发自内心，切记不能为笑而笑，没笑装笑。第二，与人交往沟通时要笑得真诚。人对笑容的辨别力非常强，一个笑容代表什么意思，是否真诚，人的直觉都能敏锐判断出来。第三，微笑要有不同的含义。对不同的交往沟通对象，应使用不同含义的微笑，传达不同的感情。面对老板、上级、同事时应该是尊敬、尊重、真诚的微笑，面对客户时应该是关切的微笑。第四，微笑的程度要合适。微笑是向对方表示一种礼节和尊重，微笑要恰到好处，比如当对方看向你的时候，你可以直视他微笑点头。对方发表意见时，一边听一边不时微笑。如果不注意微笑程度，微笑得放肆、过分、没有节制，就会有失身份，引起对方的反感。第五，微笑要看不同的人际关系与沟通场合。

《弟子规》所传达的见面问安、微笑相迎的礼仪文化，无疑是促进职场人际交往与沟通的有效手段，值得广大职场人尤其是初入职场的新人学习并付诸实际的工作中。

学好《弟子规》 提升职业素养

④ 行事坦荡，不掩不藏

《弟子规》中说："执虚器，如执盈，入虚室，如有人""将入门，问孰存，将上堂，声必扬""人问谁，对以名，吾与我，不分明""用人物，须明求，倘不问，即为偷"，就是教导弟子要行事坦荡，行止光明，不偷偷摸摸，掩掩藏藏。

坦荡行事，是一种包容万象、宠辱而不惊的内在品质的最好体现，更是职场员工人格素养和职业素养的重要内涵。《弟子规》中写道，"将入门，问孰存，将上堂，声必扬"，将要入门之前应先问："有人在吗？"进入办公室或客厅之前，应先提高声音，让里面的人知道有人要进来了，这个除了显示行为光明正大外，也是礼貌，避免让别人难堪。这些都强调了做人、行事要坦荡的内涵意义，值得广大职场员工重视和学习。

在职场上，人人都在追求成功。不过，渴望成功的人很多，但真正能够取得成功的人很少，原因在于很多人没有真正领悟职场的处世之道。职场人在职场社会中，无论处于何时何境，是贫是富，不管大权在握，抑或人微言轻，都应坚守心地真诚纯洁，坦荡做人，坦荡行事。

一个正直刚正的人，凡事秉公处理，决不徇私舞弊，自然能坦荡襟怀对明月，不惧旁人说是非，自然能心地磊落，行止光明，抵御一切名利之诱，做一个堂堂正正、清清白白的人。

李林森曾任四川达州万源市委常委、组织部长。在有些人眼中，组织部长有权，更不会差钱，而李林森却始终坚守清正

第四章 谨：谨守礼仪，谦虚谨慎

廉洁底线，永葆共产党人政治本色，严格要求自己和家人，从不用手中的权力徇私情、谋私利。

2009年12月，得知万源市委要调整干部，乡党委副书记张某多次借向李林森汇报工作的机会送钱送物，希望得到提拔，都遭到李林森严厉拒绝和批评："歪门邪道你少来！只要你干出了实实在在的业绩，群众信任你，组织会考虑的！"春节来临，张某又跑到李林森宣汉县的老家去"拜年"，结果连门也没让他进。

2011年2月底，一位"老部下"得知李林森在家养病，专程上门看望。看到李林森日渐消瘦，脸色憔悴，"老部下"心如刀绞。临别时，眼含泪水，悄悄把1000元钱塞给李林森的母亲，托老人家给买点营养品。"收回去！不然，看我怎么处理你！"李林森发现了，急得从沙发上站起来，脸涨得通红。"老领导，这是我的一点心意。""你能来看我，我精神就好多了！拿钱的话，以后就别来我家了！"面对一脸真诚的"老部下"，李林森依然严词拒绝了。"对不起，我的身体每况愈下，实在难以坚守岗位，请求辞去组织部长职务……"2011年4月20日中午，万源市委书记王成军收到李林森发来的短信。8天之后，重庆大坪医院发出李林森病危通知：李林森不仅患有肝癌，还同时患有肺癌，都是晚期……直到这一刻，与李林森朝夕相处的同事、亲朋好友才得知他隐瞒绝症病情已经一年零九个月，而他从来没说过，一直坚持工作。2011年7月31日李林森因治疗无效不幸去世，年仅42岁。

做人正直、行事坦荡，是职场人立身之本、处世之基。襟怀坦荡，做事光明磊落，不掩不藏，就会赢得他人的尊敬和信赖；反之，则会招致他人的反感和厌恶。同样，在职场里，职场员工更要做到坦荡，因为这既体现着一个人的品格和态度，又反映着一个人的职场能力。所以，无论职场中的竞争有多么激烈和残酷，我们还是要保持坦荡的人格，努力做一个坦荡的职场人，我们才会取得职场上最大的胜利。

杨一婷和李冰洁两个人同在一家公司工作，平时关系相处得很不错。年终的时候，公司搞推广策划方案的征集和评比，倡导每一个员工都要积极参与，并决定对获奖者进行物质和精神奖励。杨一婷觉得这是一个自己展露才华的好机会，一定要把握好。于是，她就开始积极准备，对市场进行了深入的调研，一个月以后，根据自己的调研资料和平时对市场工作的观察思考，她很快制作出了一份非常出色的策划方案。她把自己的策划方案给李冰洁看，希望可以得到有效的建议，但没想到方案内容却被李冰洁剽窃并在会议上展示。

杨一婷准备去向总经理说明情况，但是想到自己无凭无据，总经理是不会相信自己的。但是现在不能认输，否则大家都会以为自己真的没有任何的能力。杨一婷思考了很久，敲开了总经理的门，请求总经理再给自己一天的时间，她一定会拿出好的方案。总经理只好答应了。

一天后，在演示会上，杨一婷的方案赢得在场会议人员的赞赏，总经理也发现了端倪，向她们两人询问究竟怎么回事。最终，李冰洁承认了自己剽窃杨一婷策划方案的不当行为。

虽然李冰洁还是留下了，然而，从那以后，除了杨一婷很平淡地跟她打招呼外，几乎没有人再愿意搭理她了。不到半个月，李冰洁自动离职了。而杨一婷因她出色的才能得到了总经理的赞赏，被提拔到中级管理层。同时，因她的善良大度、坦坦荡荡获得了很多人的尊重。

《论语·述而》中写道"君子坦荡荡,小人长戚戚",坦荡绝不是不敢评人短长,不是老好人主义,更不是委曲求全,但也不是求全责备,以自我为中心的自以为是。坦荡是一种智慧,它虽然不能产生物质,却有着比物质更能使人感到可以信赖、可以接近、可以抵制一切灾祸的力量。

在职场中,我们要信奉这样一个道理:是你的东西,终究还是你的;不是你的东西,终究还不是你的。因此,不是你的东西,你就不要挖空心思去谋求;是你的东西,就要大胆地去索取。李冰洁拿了杨雨婷的方案获得了总经理的赏识和公司的奖赏,但是到最后却落得个身败名裂,这是一种莫大的耻辱。杨一婷开始的忍让与再次奋起,还有后来对李洁冰的宽容,无一例外地证明了她的人格魅力,这也正是对杨一婷坦荡宽容人格魅力的有力印证。

在激烈的职场竞争中,每个职场人都应该保持自己的初心,坦荡做事,不掩不藏,唯有这样,才可以立足在激烈职场竞争的浪潮中,最终收获属于自己的个人成长和美好事业。

公私分明,用物规范

公私分明不仅是对职场人自身人格素养的基本要求,而且是职场人在职场工作中应遵循的基本规范。《弟子规》中写到"用人物,须明求,倘不问,即为偷",意为:当我们要用别人的东西时,一定要先经过主人的同意。如果事先没有经过主人的同意就擅自动用,这种行为就叫做偷盗。"借人物,及时还,后有急,借不难",意为:借用他人的物品,要爱惜使用并准时归还。这样以后若有急用,再借就不难了。以上内容都突出了用物的规范，这对广大职场员工提升自身人格素养，立足职场，立足社会具有重要而深刻的指导作用。

公私分明，这本是从事职场工作的基本常识。但要在工作上能够真正做到公私分明的职场人却为数不多。有一些职场人喜欢钻人情空子，不按常规办事，将私事私欲摆在首要位置。所以，在职场上，朋友是把双刃剑，职场中的朋友如果结交过密，难免存在私念，有违公正，过分听信对方一面之词，不能对事情有充分的认识，影响自己的判断。所以，职场员工需要时刻铭记：不要贪小便宜，不要公物私用，更不要把企业的物品拿到自己家里去。用物要规范，实在需要，务必履行登记手续，有借有还。不要因这些小便宜而失了自己的素质甚至前途。

小张刚刚毕业就找到一份不错的工作，应聘到一家大公司做行政人员，主要掌管办公用品的申领工作，小张聪明伶俐，很会为人处世，人人都夸他："不愧是搞行政工作的！"

因为工作性质的关系，小张发现公司的库房里有大量的东西，拿走一两件也不会被发现。如果碰到家里缺什么，他就把公司的库房当成了自己的库房，几乎每天都能给家里添一件东西。

尽管给自己节省了部分的钱财，但是小张的心里却越来越紧张，行政经理每次叫他到办公室，他都诚惶诚恐，就怕经理发现了他的行径，如果哪天通知大家开会，小张总是很紧张地问同事："开会的内容是什么？到底什么事啊？要惩罚谁吗？"同事被他问多了，就不禁开玩笑：小张啊，每次开会你那么紧张干什么？又不是开批斗你的大会。为此，小张的心思渐渐地从工作上移开了。

一天，中午吃饭的时候，小张的同事悄悄地对他说："你注意到咱这儿的保洁换人了吗？"小张仔细想了想说："对哦，

第四章 谨：谨守礼仪，谦虚谨慎

你不说我还真没注意，以前的小保洁不是挺聪明伶俐的吗？"同事说："是啊，听说是因为她经常下班将单位洗手间的手纸带回家，一带就带好多卷。她刚出公司，包里的手纸就掉了出来，恰好被他们头儿看到，第二天就把她开除了，你说倒霉不倒霉？"

小张听后，手里的筷子不自觉地停了下来，将信将疑地说："真的？就几卷手纸至于开除？"同事说："这不是几卷手纸的问题，这是一个人的品质与道德问题，家贼难防啊！"小张听后一哆嗦，这顿饭都没有吃好。此后的日子里他再也没有拿过公司的一件东西，有时候还自己出钱给公司添置了一点东西，他常常对自己说："就当我补偿公司的吧。"

很多员工都有一种占小便宜的心理。无论是公家的、同事的还是亲戚的，见了便宜就想占，其实并不是什么大事，几块小钱的事。明明自己家里24小时有热水，偏要去单位免费浴池洗浴，顺便再把一家老小的衣服被单拿去"海洗"，公家的热水用起来"痛快"加"舒畅"，如此这般费时费力，只为给自己家省点热水费；有的绞尽脑汁、想方设法倒腾自家水表、电表，偷水偷电，损公肥私，逾越道德底线；有的人拿了加班费的同时，还要再吃加班餐，见缝插针，唯利是图；有些人上班时间利用公共资源做私活，把家里的事带到单位做，把手机带到办公室充电，把办公用品拿回家使用……很多员工都习以为常了，觉得这根本就没有什么了不起甚至还为自己能占上这点小便宜而沾沾自喜。但实际上，这种小便宜是占不得的，职场上更是不要占为妙。

"用人物，须明求"和"借人物，及时还"都在强调用物规范的处世哲学。古语讲，"好借好还，再借不难"。这不仅是对公司公共的财物而言，同事之间相处，更要恪守此道，切不可胡拉乱扯，谁的东西都用，谁的物品都扯。要借别人的东西，即使是近的亲人，都要当面向他讲清理由，有礼貌地提出请求，如果人家拒绝了，要理解人家；借了别人的东西后，要及时归还。

小张和小丽是公司同事，而且两人私下关系也很好。有一次，小张因为有急事向小丽借了2万元钱，小丽二话没说借给了他。可是，一个月过去了，小张丝毫没有还钱的想法，小丽碍于朋友关系也不好意思向小张要。后来，小张跳槽到了别的公司去了外地，却也没有还钱给小丽。当小丽家中需要钱急用时，她给小张打电话，却发现小张的电话号码已换，怎么都联系不到他。

职场中，当同事借给我们东西之后，我们应该心存感恩，因为这是人家在帮助你。说好了什么时候归还，一定要及时归还而且要答谢，这是讲信用、有礼貌的表现。使用别人的东西时要更加爱惜，做到完璧归赵，这样人家才会信任你。万一有损坏，要向人家说明，主动提出赔偿。这便是职场人职场用物的明哲做法。

在职场中，规则越详细，私人关系、私人利益可以发挥的空间就越小。成熟的职场员工公私分明。即使是朋友，在工作中也只能保持"同事关系"，工作时间之外，才可以是其他关系。如果职场人在工作中不能分清私人关系和工作关系，很容易引起上司、老板的反感，而且由于职场中历来就有派系之争的问题，在职场中保持避嫌，才可以实现真正意义上的公私分明。职场人也应该明白，利益和效率是企业最为注重的两点，在不损害企业公共利益的前提下，如果私人关系对于提高企业效率有帮助，那么也可以被纳入考虑范围之内。成熟的职场员工就是能够做到"上班言公，下班言私"，不私用公物，不乱用他人之物。

古人云:"一心可以丧邦,一心可以兴邦,只在公私之间。"在现今职场竞争愈为激烈的时代背景下,找到一份工作实属不易,所以广大职场人应该珍惜自己的职业工作。借鉴《弟子规》思想,职场员工应该抛弃私心和杂念,公私分明,做到规范用物,才可以在职场中赢得同事、上司和领导的尊重和信赖,才可以更好地立足职场、立足社会。

低调谦逊,不骄不傲

谨,原本出自《诗·大雅·民劳》中的"以谨无良"。《说文解字》解释说:"谨"从言、堇声。本意作"慎",乃严整自饬之意,言易伤人贾祸,为最宜慎重者,故从言。又堇为黄色黏土,其质甚细密,"谨"则言思缜密,故从堇声。意思是慎重、小心、恭敬地做事做人。《弟子规》在"谨"这一部分,详细列举了日常生活中常见的一些注意事项,如朝起夜眠,衣冠步履,洒扫应对等特别细小的生活琐事中,告诫子弟要处处谨严,慎重小心,不可疏忽随便。其实也就是在特别地强调和告诫子弟为人处世中最为重要、也是儒家人处世精髓——低调谦逊。轻浮傲慢、锋芒毕露恰恰是儒家处世之禁忌。不懂得谦逊低调,藏锋敛芒,谨慎小心,处处张扬炫耀,必然灾祸难免。

颖考叔,春秋时期郑国大夫,在郑庄公对其母亲武姜发出"不及黄泉,无相见也"的誓言后,颖考叔就为庄公想了一个办法,挖一个隧道,取名"黄泉",安排郑庄公与武姜在"黄泉"见面,成全了这对母子的思念之情。这就是后世闻名的"黄泉相会"。这位才思非常的郑国大夫却因太过招摇,而死于非命。公元前712年,郑庄公出兵讨伐许国。在校场阅兵时,郑庄公让人做了一面大旗,旗杆三丈三尺高,郑庄公对众将官说:"谁能手持大旗,健步而行,我就拜他做先锋官,并将战车赐给他。"颍考叔听了,迈步上前,拿起大旗,健步如飞,还能将大旗挥舞得上下飞扬。郑庄公大喜,说:"真是虎将,应授颍大夫为先锋。"于是,郑庄公就宣布将战车赐给颍考叔。

这时,和郑庄公同族的大夫子都心里不服,他上前要夺颍考叔的战车。颍考叔驾起战车飞跑,子都追不上,就气恼地说:"此贼视我姬姓无人,我非杀了他不可。"郑庄公又夸子都勇敢,另赐战车给子都。

不久,郑国攻打许国都城。郑国将士个个奋勇争先。颍考叔是先锋官,他在战斗中非常英勇地登上辒车,将那面大旗挟在肋下,奋力一跳,登上了城头。子都看见颍考叔登上了城头,怕他抢去头功,就拿出弓箭,暗中瞄准颍考叔,将一支暗箭从背后射向了正在冲锋陷阵的颍考叔,颍考叔大叫一声,跌落到城下,含恨而死。

如果颍考叔行事谨慎一点,低调一点,少露锋芒,或许就不至于遭小人报复,死得如此冤枉。很多古语警告我们为人处世不要太锋芒毕露。《阴符经》说:"性有巧拙,可以伏藏。"中国式的处世智慧,就是要懂得藏锋,懂得低调。

《弟子规》中"勿践阈,勿跛倚,勿箕踞,勿摇髀",不仅是对谦逊低调态度的有力诠释,更对工作者立足职场具有重要的指导和借鉴意义。所谓的"勿箕踞,勿摇髀"中,"箕踞""摇髀"体现的便是轻浮、傲慢的举动,这类人个性极其张扬,虚妄于花拳绣腿、高调不逊,虽逞一时之快,终会招致祸端。由此可见,将《弟子规》所传达的谦逊低调、不骄不傲思想内化于心、外化于行应是广大员工立足职场的必然选择。《弟子规》是一门关于为人处世的教育，其思想对职场工作同样适用。

在《弟子规》中教人谦逊礼让的句子很多，如"人问谁，对以名，吾与我，不分明"等。有些人自以为位高权重，在职场中有了一官半职后就狂妄自大，别人询问时也不轻易说出自己的名字，好像一说出自己的姓名就降低了身份似的，这种思想是为人不谦逊不知礼的表现，是完全错误的。

中国有很多古语警告我们为人处世不要太锋芒毕露。枪打出头鸟，木秀于林，风必摧之。曾国藩对"藏锋"曾有过精辟论述："言多招祸，行多有辱；傲者人之殃，慕者退邪兵；为君藏锋，可以及远；为臣藏锋，可以及大；讷于言，慎于行，乃吉凶安危之关，成败存亡之键也！张扬者，无以善果，善藏者，方能立于不败之地！"所以，为人不可张狂，要知道内敛，懂得藏锋，才能左右逢源，进退有致。过于张扬，烈日会使草木枯萎；过于张扬，江水会决堤；过于张扬，会使我们变得疯狂，偏离生活的轨道。过于张扬就成了张狂，张狂是幼稚的表现，可能会让你跌入万丈深渊。在职场也是一样，有了一点点成绩，或是取得了一定的成就，就开始骄傲自满，开始目中无人，开始张扬自得，终归会惹得大家心中愤恨，招来上司的不满，同事的嫉妒，客户的怨懑，以致毁了自己的前程。

对于初入职场的员工，尤其是刚刚毕业的学生，《弟子规》中的"谨"更是要时刻牢记在心的做事原则。因为刚进职场，个性比较强烈，认为做什么事情都要做到最好，越显示自己的能力就越能够得到老板和同事的尊重，因而处处都想表现得最好，凡事都对错分明，习惯于高调展示自己。殊不知恰恰是这种想法设置了自己职场的障碍。不错，我们有才华就要展示出来，来展示也要看时机，要适时，要恰当，绝不可不合时宜、不分场合地展示自我，否则只会给自己的职场之路搬来绊脚石。

有一家企业新招来了一批大学生,总经理为了表示对他们的热情欢迎,开会时拿着花名册一一点名,并逐一致欢迎辞。这时总经理已经叫到了"苏华",可是下面却久久没有人应,总经理又叫,新来的助理拿起名册来看了一眼,笑了,对总经理说:"这是苏晔,不是苏华。"

下面的大学生们都有些惊讶地望着总经理,总经理的脸上有些挂不住了,一旁的秘书急忙说:"对不起,总经理,这怪我,是我打字打错了,我把这个字打成华了。"总经理笑了,说:"下回注意点。"然后,点名认识顺利地继续了。

会开完,自以为才学过人的助理走人了,秘书成了总经理的助理。

在职场中,傲慢和不屑不仅仅是无能之人的一种心灵寄托,更是无能之人的肤浅行为。而谦逊有礼、处变不惊、不骄不躁和兢兢业业则是对职场智者的人生态度和处世哲学的最好诠释。"稻田里最趾高气扬的麦穗其实是最干瘪的",这句俗话或是对无能者傲慢高调心态的有力反映。而对于智者来说,在工作方面,他们用自身的言行获得上级赞许和肯定,在人际交往方面,他们用自己的言行赢得同事的尊重和信任。谈到在职场里如鱼得水的智者,大多数人可能会想到"圆滑"一词。其实,圆滑并非老奸巨猾,虽然人们往往将这两个词语混为一谈,但其实却有很大不同。圆滑是指为人处世各方面都做得很周到,其褒贬意味视具体语境而定,而老奸巨猾则是贬义意味。其实,对于一个智者来说,他们的圆滑,并不是处心积虑地盘算眼前利益,更多的是长远的计划和目标;并不是阿谀奉承地巴结他人,更多的是理性的思考和行动。真正的智者懂得舍得,懂得谦逊低调。

谦逊低调、不骄不傲，是一种内心向往的自我追求，是一种历经岁月的自我沉淀，更是一种展望未来的自我思考。谦逊低调、不骄不躁也是一种境界，一种禅理，一种风范，更是一种智慧。在职场中，我们不应一味地沉迷以往的成就，炫耀自己的才华，张扬自己的个性，而是应该怀有一颗谦逊低调之心，以不骄不傲的态度，将《弟子规》中"谨"的思想内化于心、外化于行，努力做一名职场的智者。

自我反省，日日精进

自我反省是一种心理活动的反刍与回馈。它把当局者变成一个旁观者，把自己变成一个审视的对象。反省可以让一个人跳出局限，站在另一个人的立场、角度来观察自己、评判自己。反省不等于检讨，也不等于忏悔。反省，是最高的层次对自我的分析与对照，是一个人对自身的批判。《论语》里曾子曰："吾日三省吾身：为人谋而不忠乎？与朋友交而不信乎？传不习乎？"翻成白话是，曾子说："我每天必定用三件事反省自己：替人谋事有没有不尽心尽力的地方？与朋友交往是不是有不诚信之处？师长的传授有没有复习？"这就是曾子所说的"三省"。这"三省"说了两个方面。一是修己，一是对人。对人要诚信，诚信是人格光明的表现，不欺人也不欺己。替人谋事要尽心，尽心才能不苟且，不敷衍，这是为人的基本品德。

"吾日三省吾身"，已成为历代儒门弟子的必修之课，必省之事，必践之行。《弟子规》中的"老易至，惜此时""勿畏难，勿轻略"等都体现自我反省的处世哲学，这些哲思在职场同样适用。在职场中反省自我，是职场人不断提高自身素质能力，提升职场竞争力的有力保障。

自省的结果是自律、自制，自我提升和自我精进。关于自律，《弟子规》给我们提出了严格的要求："入虚室，如有人""斗闹场，绝勿近；邪僻事，绝勿问。"这些句子都是在强调一个道理：一个人在任何时候都要学会自觉、自律，懂得自我约束。

何谓自律？自律是指在没有人现场监督的情况下，通过自己要求自己，变被动为主动，自觉地遵循法度，拿它来约束自己的一言一行。自律就是自己管理自己，但这并不意味着让一大堆规章制度来层层地束缚自己，更不意味着可以自由散漫，而是应该更加严格地要求自己，用自律的行动创造一种井然的秩序来为我们的工作和生活争取更大的自由。需要自律的不仅仅是学习方面，同时也包括了平日里的点点滴滴。

在职场工作中，很多人严以律人、宽以待己，常常斤斤计较于别人的得失，却忘了审视自我。职场中的自我反省能够及时、客观地检视自己在职场学习、工作中的长处与短处，不断进行自我评价和总结，扬长补短，不断在前进的过程中实现自我发展并不断超越自我，从而实现日日精进的职场目标。

一天，有一个年轻人，在街角的小店借用电话。他用一条手帕，盖着电话筒，然后说："是王公馆吗？我是打电话来应征园丁的，我有很丰富的经验，相信一定可以胜任。"电话接线生说："先生，恐怕你弄错了，我家主人对现在聘用的园丁非常满意，主人说园丁是一位尽责、热心、勤奋的人，所以我们这儿并没有园丁的空缺。"

年轻人听罢，便有礼貌地说："对不起，可能是我弄错了。"接着便挂了电话。小店的老板听了这年轻人的话，便说："年轻人，你想找园丁工作吗？我的亲戚正要请人，你有兴趣吗？"年轻人说："多谢你的好意，其实我就是王公馆的园丁。我刚才打的电话，是用来自我检查，确定自己的表现是否合乎主人的标准而已。"

可见，在工作中，职场人只有不断地进行自我反省，在反省的基础上不断修正和完善自身言行，才能使自己不断进步，日日精进。在现实职场生活中，的确有很多人都曾这样抱怨："我每天都在拼命地工作，我一刻也没闲过，可如此努力为什么却总是不能成功呢？"正如成功多是因内因起作用一样，失败也多是自己缺点引起的，一个人必须懂得不断自我反省和自我总结，改正自己的错误才不会老在原处打转或再次被一块石头绊倒。

及时检讨，反省自己的行为，进行积极有效的心理调整，让自己适应多变的人际关系，不失为一个增强生存能力的好办法。同时，反省是一种学习能力，是认识错误、改正错误的前提。职场中，无论是对团队还是对团队成员，反省的过程就是学习和精进的过程。

纵观现代职场，职场人来去匆匆，常以忙碌的工作为借口忽略内心的自省，这种做法是不可取的。心理学者李孟潮就曾指出，如果你坚持自由自在地体会—观察—反思职场上的这些体验，那么你对自己就有越来越多的理解。随着你对自己越来越理解，你也可以越来越理解同事；随着你越来越理解同事，你越来越能原谅同事；随着你越来越能原谅同事，你越来越能原谅自己；随着你越来越能够原谅自己和同事，你越来越能够接受自己和同事。然后，你就可以在职场上过得比较轻松一些。

提升来自不断地反省。要使自己少走弯路、走得更快更稳，我们就必须及时地反省自己，不断地总结得失。积极进行自我反思，才能真正了解自己，对自己进行正确客观的认识和评价，也只有这样，才能扬长避短，有错必改，驾驭情绪，让自己的人生道路少些坎坷，多些收获。请时刻谨记，只有勇于自我反思，做事力求精益求精的员工才会获得事业上更大的成功。

8 礼仪细节，务必遵从

《弟子规》中"谨"篇的"冠必正，纽必结，袜与履，俱紧切""置冠服，有定位，勿乱顿，致污秽。衣贵洁，不贵华，上循分，下称家""对饮食，勿拣择，食适可，勿过则。年方少，勿饮酒，饮酒醉，最为丑""步从容，立端正，揖深圆，拜恭敬""勿践阈，勿跛倚，勿箕踞，勿摇髀""缓揭帘，勿有声，宽转弯，勿触棱。执虚器，如执盈，入虚室，如有人""事勿忙，忙多错，勿畏难，勿轻略。斗闹场，绝勿近，邪僻事，绝勿问""将入门，问孰存，将上堂，声必扬"，其实说的都是礼仪的细枝末节，涉及生活中的方方面面。注意礼仪细节对职场员工的个人成长和职业发展都具有极为重要而长远的影响。

职场礼仪涉及穿着、交往、沟通、情商等多方面，是市场经济发展对现代员工能力的迫切需要。良好的礼仪能展现员工个人良好的品格修养，展现公司良好的形象，赢得对方的尊重，有利于创造良好的沟通氛围，建立融洽的人际关系及合作基础。职场礼仪细节是任何一名好员工所不可忽视的内容。礼仪细节大致包括以下几个方面：

（1）形象礼仪

以貌取人不可取，但人取仪貌却十分必要。因此，办公场合尽量穿着职业装。穿着职业服装不仅是对服务对象的尊重，同时也是着装者的职业精神、乐业精神在服饰上的具体表现。

（2）行为礼仪

目光。在与人谈话时，大部分时间应看着对方；正确的目光是自然

第四章 谨：谨守礼仪，谦虚谨慎

地注视对方眉骨与鼻梁三角区，不能左顾右盼，也不能紧盯着对方；道别或握手时，应该用目光注视着对方的眼睛。

站姿。正确的站姿是抬头、目视前方、挺胸直腰、肩平、双臂自然下垂、收腹、双腿并拢直立、脚尖分呈 V 字形，身体重心放到两脚中间；也可分开，比肩略窄，双手交叉，放在体前或体后。站立开会时，男员工应两脚分开，比肩略窄，双手合起放在背后；女员工应双脚并拢，脚尖分呈 V 字形，双手合起放于腹前。

坐姿。男士入座时要轻，至少要坐满椅子的三分之二，后背轻靠椅背，双膝自然并拢，身体可稍向前倾，表示尊重和谦虚。女士入座前应用手背扶裙，坐下后将裙角收拢，两腿并拢，双脚同时向左或向右放，两手叠放于腿上，如长时间端坐可将两腿交叉叠放，但要注意上面的腿向回收，脚尖向下。

站姿

走姿。走路的时候，头要抬起，目光平视前方，双臂自然下垂，手掌心向内，并以身体为中心前后摆动。上身挺拔，腿部伸直，腰部放松，脚步要轻并且富有弹性和节奏感。

（3）接待礼仪

待客的目的就是应该让客人舒服，从商务交往与服务接待的角度说，主随客便，但注意不要"热情越位"，关心过度是一种伤害。在待客时，我们往往会有"我是这么想的""我认为应该如此"的心理，这样是绝对搞不好接待的。必须记住一句话：交往以对方为中心。人家说好才是好，标准不在你手里。

（4）社交礼仪

介绍。向别人介绍时，最好是先递名片再介绍，自我介绍时间要简短，愈短愈好，但内容要全面，一般信息中要包含 4 个要素：单位、部门、职务、姓名。注意第一次介绍的时候使用全称，第二次才可以改简称。

握手。曾有人将"握手"称作人际交往中的"硬通货",殊不知,握手中还包含很多礼仪细节。握手要做到"四到",即:身到、笑到、手到、眼到。不管身份与性别,都应该主动伸出手,用手掌和手指握住对方,坚定有力且简短。只握手指或"蜻蜓点水"般地一带而过,或握得过久都是相当不礼貌的。此外,握手时应面带微笑注视对方,以表诚意。

名片。名片可放在上衣口袋里,要保持名片或名片夹的清洁、平整。递送名片时,应将名片放置手掌中,用拇指压住名片边缘,其余四指托住名片反面,名片的文字要正对对方,然后伸出双手递过去,同时讲一些"多多关照"之类的客气话。接受对方名片时,应恭恭敬敬,双手捧接,并道感谢,接受后应仔细观看上面的内容,并称呼对方的职务,以示对赠送者的尊重;切忌马马虎虎瞟一眼,便顺手塞进衣袋里。

(5)办公礼仪

办公桌。鲁迅先生曾经说过:"几案精严见性情。"一个把办公环境搞得零乱不堪的人,在工作上也绝对不可能一丝不苟。所以,不要以为办公室是你的"自留地",想怎么弄就怎么弄。把办公地板、玻璃、墙壁、办公桌、办公设备、卫生间等稍做修整,随时保持干净、整洁、井井有条。这样有助于你给老板留下好印象,也有助于你的工作。

出入办公室。轻轻敲门,听到应答后进入,随手关门。进入房间后如对方正在讲话,要稍等静候,不要打断他人谈话更不要中途插话。如有急,要有礼貌地打断对方谈话。

递送物品。双手递送,身体微躬。正面、文字朝向对方递过去;尖的物品应把尖锐的一头朝向自己。

工作拜访。拜访前应事先通知对方,并约好会面时间,应尽量避免突然造访。若因急事来不及事先通知对方的,见到对方时,应首先致歉,说明原因。

说话音量。在办公区内，安静的办公环境是保证职员工作效率的前提之一。因此，职员说话的音量应保持适度。切忌旁若无人地大声喧哗，或交头接耳地窃窃私语。

接听电话。在接听电话时口齿清晰地说"你好"，然后再报出自己的公司名称和部门名称。打电话时语气要热诚、口音清晰、语速平缓。电话语言要准确、简洁、得体。音调要适中，说话的态度要自然。如果主动给对方打电话，要选择好通话时间，不要打扰对方的重要工作或休息。

办公纪律。职场不允许吸烟；职场内不允许吃东西；随手关机、关电脑、关空调；切忌擅自取用他人办公桌上的书籍或办公用品；当他人输入密码时请自觉将视线移开。

此外，还有些细节需要注意，比如打呵欠、嚼口香糖、手指不停地敲、手势过于夸张、脚不停地抖动、玩弄头发、挤占他人座位或空间、不排队、公共场合吸烟、堵塞公共通道、随地吐痰、扔杂物等，这些行为虽小，但容易造成别人心理或身体上的不快。

遵从礼仪细节是职场人更好地立足职场的有效保障，所以每一位职场人要认真学习相关礼仪细节，并有效运用至具体工作之中，才能使《弟子规》真正发挥其在职场社会中的影响力。

古语有云："泰山不拒细壤，故能成其高；江海不择细流，故能就其深。"诺贝尔也曾说过："要想获得成功，应当事事从小处着手。"礼仪细节其实是世界上最廉价但却能获得最大效益的投资。职场礼仪细节直接关系到职场人能否顺利地踏入职场。注重礼仪细节的人，必将在职场上熠熠生辉，取得成功。

第五章

信：诚实守信，一诺千金

　　"信"应该是贯穿儒家思想的一条主线，也是《弟子规》中讲述比较深刻的一部分。孔子说"人无信不立"，一个没有信用的人很难在社会立足。所以凡是说出的话，首先要讲究信用。话说得多不如说得少，凡事实实在在，不花言巧语，戒除奸邪巧辩。人贵在诚实守信，贵在一诺千金。

① 先信后言，言出必行

中国传统文化很重视信义。"仁、义、礼、智、信"，"信"乃五常之一。在传统文化典籍中，有关诚信的佳言美句比比皆是。孔子曰："人而无信，不知其可也？""朋友信之""民无信不立"。墨子云："政者，口言之，身必行之，""言必信，行必果""君子一言，驷马难追""千金一诺"等等，表明古人已把诚实守信作为君子的规范之一。

"信"应该是贯穿儒家思想的一条主线，也是弟子规中讲述比较深刻的一部分。《弟子规》里说"凡出言，信为先"，讲话的时候，要以信实为第一。同时，必须谨记言出必行。在"言"与"信"关系上，思想家曾子十分赞同孔子关于"信"的思想，认为说话一定要算数，言出必行，一个人应该做到"可言而不言，宁无言也""不能行而言之，诬也""言必有主，行必有法"。先信后言、言出必行是《弟子规》哲学对职场人的重要启示，是广大职场人应该保持的职场处世之道。俗话常说"说出去的话泼出去的水"，说到就要做到。

《韩非子·外储说左上》讲述了曾子"杀猪教子"言而有信的故事。曾子的妻子要上街，她的小儿子哭闹着也要跟着去。曾妻便哄儿子说："你回去等着我，回来杀猪让你吃肉。"她刚从街上回来，就看到曾子真的要杀猪，她急忙阻拦道："我只不过是跟孩子说着玩，哄他的。"曾子说："同小孩子是不能开玩笑的。孩子年幼没有知识，处处会模仿父母，听从父母的教导。今天你欺骗他，就是教他学你的样子骗人。做母亲的欺骗自己的孩子，那孩子就不会相信自己的母亲了。这不是教育孩子的好办法啊！"于是，曾子杀了那头猪，煮了肉给孩子吃。

曾子是诚信为人的典范。讲信用、讲信义是中华民族自古以来公认的价值标准和基本美德。说话一定要先有诚信的态度，行为一定要正直规范，不偏不倚无偏差。

言出必行、说到做到是一个人最可贵的品性，也是衡量一个人的信用标准。在人与人之间的交往中，中华民族历来把能否兑现诺言看得很重要。"一诺千金，一言百系""一言既出，驷马难追"等，都是强调要说到做到。

在职场中，不难发现，行业中首屈一指的成功人士都有一个共同的优点——他们先信后言、办事言出必行。

1950年，李嘉诚凑了5万元港币，开办长江工业有限公司，创建初期，李嘉诚的员工很少有人跳槽。这是因为李嘉诚一直把诚实作为自己的人生准则：你必须待人以诚，别人才会以诚相报。

后来，精明的李嘉诚看准了塑胶花市场的巨大潜力，就集中所有的人力、物力，全部投入到商品中。当时，有位外商希望可以大量订货。但是，为了供货有保障，这位外商提出，长江工业有限公司必须寻找有实力的厂家作担保。

这是一笔大生意，为此，李嘉诚欣喜不已，可是找谁作担保呢？李嘉诚接连跑了几天，结果，最后只好如实相告："先生，我非常想长期和您合作，但很遗憾，我实在无法找到一家公司为我担保。如果您因此而重新做出决定，我将尊重您的决定。"

外商沉默了一会儿，说："从你刚才的谈话中可以看出，你是一位诚实的人。我想，相互间的诚实才是互相合作的基础。你不用找人担保，我现在就签合同。"李嘉诚听了很高兴，但他还有一个难处，资金有限，一下子完不成那么多的订单。他不得不把这一实情告诉外商。他以为只要自己说出了实话，对方就会取消和自己的合作。可事实恰恰相反，外商听了李嘉诚的话后，不但没有取消订单的意思，反而开心地说："李先生，现在我更能肯定你是一位值得信赖的人。我愿意提前付款，为你解决资金难题！"

就这样，李嘉诚非常顺利地签下了合同，赚到了一笔数目可观的钱。从这件事中，李嘉诚领悟到：只有"信誉第一，以诚待人"这八个字，才是今后经营中应当遵守的金科玉律。从那以后，李嘉诚的公司如同他的名字一样，都挂上了一块"诚"字的招牌，恰恰是"诚实"二字，为李嘉诚以后闯荡商界打下了坚实的根基。

李嘉诚的成功得益于很多因素，但是他的诚实，无疑是他可以赢得诸多合作伙伴的重要原因之一。事实上，一个人只有做到会被别人信任，才会有合作的可能。不仅仅是在商场上，在生活的各个方面，诚信都比能力更重要。

言出必行并不单单只是一个保证，它体现着一个人的职场信用。但是，有些职场人往往信誓旦旦地做出保证，保证了之后却又不付出行动，这种做法不仅玷污了自己的人格，而且也失去最宝贵的信用。这样的保证用过一次后就变得"不值钱"了，你没有理由再让别人相信你，因为你已经被戴上"骗子"的头衔，你将失去上司、老板的信赖，失去同事的友谊，失去合作伙伴和客户的支持，甚至会失去许多改变人生的机会。

讲信用、守信义，不仅是立身处世的一种高尚品质和情操，体现了尊重别人的同时也尊重自己，同时它也是人际交往的重要原则。在职场中，每一位职场员工都应该言出必行，不要做放羊的小孩，这样才可以提升自己在职场中的价值，才可以更值得同事、上司、老板和客户的尊重和信赖。同时，每一位高层管理职场人也应保持先信后言、言出必行的习惯，这是企业单位在激烈的市场竞争中立于不败之地的珍宝，是企业得以昌盛的珍宝，也是赢得职场对手尊重和信赖的重要法宝。

 言行一致，表里如一

言与行，是常常被联系在一起的两个概念。言，是行的先导；行，是言的实践。《弟子规》中写道，"凡出言，信为先，诈与妄，奚可焉"，也启示我们为人处世要保持言行一致，表里如一，这是人立信于社会、立信于职场应该持有的重要原则和态度。

大千世界，芸芸众生，不同的人对于"言行"都有不同的理解，不同的注释。从一个人对待"言"与"行"的态度就可以看到他对于职场工作的态度和对职场工作的理解，也就能看出他的职场、事业发展态势。有的职场人，喜欢"言"在"行"前。这类人豪言壮语，意气风发，一派志在必得，胸有成竹的气势，但是，却常常有言无行，使人只听到"雷声"却不见"雨点"；或是眼高手低，没有行动的能力，最后落得个尴尬的结局，给他人留下笑柄。但也有些职场人常常是"行"在"言"前。他们行动前悄无声息，默默无闻，只有孺子牛的干劲，却没有霸王的沽名钓誉，待正果修成，事情圆满之后才放出言论，或仍

是一言不发，只留待他人评说。这一类喜行少言的人可谓是实干家，脚踏实地，认真处世，他们的"言"可算是一字千金，货真价实。也有一些职场人，既"言"又"行"。他们工作志向十分明确，有目标，意志坚定，工作态度认真，行动踏实，坚持言行一致，表里如一，言出必做，积极完成各项工作任务，他们是对自己的言论认真负责的行动者，他们与那些只注重说的人形成极鲜明的对比。当然，还有一些职场人不"言"不"行"。他们在职场中甘于沉默，毫无进取之心，冷眼观职场世界的冷暖，而后渐渐地进入职场社会行尸走肉的状态中，这类人消极为人处世，消极面对职场工作安排。显而易见，"言"与"行"的关系问题，永远值得广大职场员工深入思考和反思。

北宋时期著名的文学家和政治家晏殊，14岁被地方官作为"神童"推荐给朝廷。他本来可以不参加科举考试便能得到官职，但他没有这样做，而是毅然参加了考试。事情十分凑巧，那次的考试题目是他曾经做过的，得到过好几位名师的指点。这样，他不费力气就从千余名考生中脱颖而出，并得到了皇帝的赞赏。但晏殊并没有因此而洋洋自得，相反他在接受皇帝的复试时，把情况如实地告诉了皇帝，并要求另出题目，当堂考他。皇帝与大臣们商议后出了一道难度更大的题目，让晏殊当堂作文。结果，他的文章又得到了皇帝的夸奖。

晏殊当官后，每日办完公事，总是回到家里闭门读书。后来皇帝了解到这个情况，十分高兴，就点名让他做了太子手下的官员。当晏殊去向皇帝谢恩时，皇帝又称赞他能够闭门苦读。晏殊却说："我不是不想去宴饮游乐，只是因为家贫无钱，才不去参加。我是有愧于皇上的夸奖的。"皇帝又称赞他既有真实才学，又质朴诚实，是个难得的人才，过了几年便把他提拔上来，让他当了宰相。晏殊为人诚实，表里如一，不弄

第五章 信：诚实守信，一诺千金

虚作假，这是我们应该学习的。

身处职场，我们要时刻保持言行一致、表里如一的处世态度。努力把言行一致、表里如一内化为一种习惯，在职场中保持这种习惯，不仅可以赢得同事的喜欢和尊重，拉近同事间的距离，而且可以赢得职场上司、老板的尊重和信任。职场中，一个人如果具备真才实学的实干，又能够为人做事言出必行、表里如一，何愁不能在职场社会中占据优势位置，从职场竞争中脱颖而出，最终成就属于自己的事业。

古人曾经感慨："画虎画皮难画骨，知人知面不知心"，就是因为有许多人说的是一套，做的是另一套，言行不一，表里不同，让人难以捉摸。这样的人，表面上看起来聪明灵活，实际上是奸诈狡猾。或许一时一事能让他们得逞，天长日久，当大家都明白他们的为人时，就不会有人相信了。"路遥知马力，日久见人心"，只有诚实可信、言行一致的人，才能得到持久的信任。

只要职场员工一方面注重自身品行修养，另一方面对他人做到"一闻其言、二观其行、三察其品"，以社会道德规范乃至法律法规的形式对每一位职场人的言行加以必要的规范，促成他们较大程度上的言行一致、表里如一。

职场社会总是由各种各样的人所构成。对职场员工来说，言行是否一致，能否做到"言必信、行必果"，不仅影响、决定、制约着其个人人品、职业道德的高尚与否，并且最终会影响到一个企业单位的文明程度，故万万不可轻视之。

在职场上，经常会发生言行一致的正直与言行不一的虚伪之间的冲突，而且可悲的是，正直甚至会败多胜少，但我们依然要坚守正直，坚持言行一致、表里如一。因为言行一致虽然胜少，但往往得到的是大胜，而言行不一虽然取得的小利较多，在关键局却会大败。因为在开始阶段，言行不一的空说常占优势，而越到后来，言行一致、表里如一的人格魅力却越发强劲,在职场发展过程中发挥重要影响作用。

真诚待人,不说空话

《弟子规》中写道,"话说多,不如少,惟其是,勿佞巧""奸巧语,秽污词,市井气,切戒之""见未真,勿轻言,知未的,勿轻传"等文句,都强调为人处世要时刻保持真诚的态度,真诚待人,不说空话,多干实事。

人是社会的人,人是群居的,需要交流,需要人与人之间的那份真诚和真心。在纷繁复杂竞争激烈却也需要合作的职场,员工之间更需要理解,需要友情,需要真诚。《诗经》上写道:"嘤其鸣矣,求其友声。"鸟儿也以鸣叫寻找朋友,更何况人呢!但人与人的交往却也是世界上最复杂最深奥的艺术,职场交往,讲的是分寸,是适度,而最需要的,却是真心。没有一颗真诚待人的心,是交不到朋友的。

硕士毕业后,孙洁进入一家有名的电气集团,成了一名收入不菲的白领一族。孙洁立志要在自己的领域做出一番事业,可是不到半年,她便提前解除了合约,原因是公司里的虚伪、相互猜忌的人际关系让她感到窒息、疲惫不堪。所以,她理所当然地跳槽到另一家公司。

然而,三个月后,孙洁又辞职了,她觉得那里仍然不是她想要的工作环境,每个人对她都不够真诚。带着美好的憧憬,她又跳槽到另一家公司,可是,两个月后,她再次因为同样的理由跳了出来……很快两年过去了,同学们都在各自的领域小有所成，念书时成绩最优秀的孙洁却还在跳来跳去，辗转奔波。在第九次离职后，孙洁觉得自己快要崩溃了。

这时，她想起念书时最照顾自己的导师，便打电话给她，倾诉自己的迷茫与伤感。导师听完孙洁的诉说后，没有急于开导她，而是讲了一个故事。

有一个年轻人去一家店里买碗，他听人说过一个小窍门——用一个碗去轻轻碰撞另一个碗，如果发出的声响十分清脆，那么那个被撞击的一定是个好碗。于是他顺手拿起一个碗，依次与其他碗轻轻相碰，不料，每次都只能听到闷、浑浊的声音。他挑遍了店里所有的碗，竟然没有一个是好碗。老板看到他的检验方法，笑着递给他一个碗，说："年轻人，把你手上拿着的那个碗给我，用这个碗再去试试。"年轻人没有想太多，他接过老板递来的碗重新尝试，这一回，每个碗都在碰撞下发出清脆悦耳的声音。他不解地问老板原因，老板笑着说："你最初当成检测标准的碗本身就是次品，它跟任何一个碗碰撞的声音当然都是浑浊的。看来，你虽然知道这个窍门，却不知道运用它的前提——如果想得到一个好碗，你首先要保证自己拿的是一个好碗。"

听完导师的故事，孙洁明白了自己总是"遭遇不幸"的原因。一直以来，孙洁在与别人相处的时候，总是因为怕被算计而处处小心谨慎，给人一种工于心计的感觉，这样就难免会让别人与她相处时也感到紧张，不敢对她这种看起来深不可测的人敞开心扉。而这个故事让她明白，回避人际交往，认为别人对自己不理解或怀有敌意，其实是她内心对自己看法的反映，只有慢慢转变自我认知，真诚待人，才能真正解决问题。

可见，在职场人际交往中，真诚是一个必不可少的关键因素。在物欲横流的现代社会中,每个人选择给自己穿上层层的铠甲,这固然是一种很好的自我保护,但是同时也会丧失与人深层沟通的很多乐趣。职场也是一个社会,其环境固然险恶且充满许多未知和挑战,但职场员工应该始终相信善良,保持真诚本性,真诚待人,不说空话、假话。话说出来,行动就要跟上,说到就要做到,不然就不说。说空话只会让大家看穿你的谎言,揭穿你的把戏,让大家唾弃你。

职场中真诚待人、不说空话是每一位职场人必须具备的人生姿态和处世之道。真诚不是停留在口头上的言语,而是实际工作中的行动,哪怕是微不足道的一件小事。在同事面临困难时,不嘲笑别人,言语讥讽别人,而是出于真诚的一句关心;在同事生病时,要真诚地去关心和照顾他,用真诚为和谐的人际交往做铺垫。说空话不可取,求真、务实、重干、脚踏实地,崇实尚干,排斥虚妄,才是职场人应追求的职业目标。

4 轻易许诺,警惕失信

有句老话叫"轻诺者必寡信"。孔子谈到"信近于义,言可复也",是说做出承诺前,必须考虑承诺的正义性、合理性以及后果。作出承诺后,如果发现承诺的内容本身存在失误,就必须及时纠正,避免犯更大的错误而难以自拔。这才是真正的"信"。

《弟子规》讲到"谨信",是指要谨而信。没有言行的严谨,没有良好的行为习惯和严谨的作风,容易造成轻诺寡信的局面。即便不是有意欺骗,但言行不谨,信就得不到保障。

承诺是一件非常严肃且重要的事情。《弟子规》中,"见未真,勿轻言,知未的,勿轻传""事非宜,勿轻诺,苟轻诺,进退错",强调为人处世要三思而后行，不要轻易许诺。

　　美国著名的科学家、政治家富兰克林年轻的时候，人缘并不好。因为他太聪明，知道的也不少，所以他说话摆出一副先知先觉的姿态，总是说"我敢肯定"或"我保证""绝对是"一些肯定性语句。凡有人请他干什么，他总是信誓旦旦地说"没问题"。但是，有些事他根本没有做过，甚至说"没问题"时都没想过会有什么问题，最终答应得好好的"没问题"成为了"问题"，答应的事情有一些根本没办法办到。

　　时间久了，富兰克林发现，本来还在兴高采烈谈天说地的一群人只要见到他，立刻沉默，再也没有谁信他的话，也再也没有人请他办事了。困惑不解的富兰克林去向当地一位富有智慧的老者请教。进老者家门的时候，老人说："请低头。"富兰克林闻声略微低了一下头，结果富兰克林的头碰到了门上，起了一个包。

　　老者对富兰克林说："你很聪明，口才也很好。但是你太狂妄，认为自己的意见都是真理，不肯与别人探讨，也不愿意听取别人的意见，而且凡事不经脑子就出口，答应的事情却办不到，谁还信你？谁还敢把事情交给你办？难道不是吗？"

　　富兰克林听了老者毫不客气的批评后，心里非常难受，但是老者的话是对的，明智地接受了老者的建议。从那以后，富兰克林不再轻易答应任何事情了，不管什么事他都会先掂量一下能否办成办好后，再决定是或否。他说话的时候总是说："我个人的意见暂时是这样的""据我所知，现在的情况可能是这样的"，这样一来，大家发现他们认识的那狂妄小子不见了，都渐渐地喜欢上这个既聪明、谦虚又可靠的人了。

"轻诺"必然会导致"寡信"的后果，轻易对别人许诺，说明我们根本就不知道自己可能会遇到的种种困难，当困难来临时，我们只能干瞪眼，于是，给别人留下了"不守信用"的印象。所以，"轻诺"必然"寡信"。如果一个人讲信用、重诺言，就是一种待人真诚的表现，他会因此而获得别人的信赖，促进事业的成功。试想，一个出尔反尔、经常食言失信的人，又有谁会相信他，会愿意跟他做朋友呢？

不轻易许诺，但有诺必践，是人们普遍尊崇的道德准则。因此，当我们没有十分的把握的时候，就实事求是地说几分。要知道，在职场中，但凡有经验的人一看我们"轻诺"，便知道我们是"寡信"之辈了。如果此时，我们说"对不起，这件事我不能打保票，但我可以努力尝试一下"，反而会让别人认为自己是诚实的、是靠得住的人。

身在职场，我们一定要重视自己对别人许下的诺言，无论是大事还是小事，我们都应该一诺千金，说过的就一定要做到。如果做不到就不要去说，不要轻易就许下任何的诺言，许诺前一定要三思而后行，对于自己根本就没有能力做或不打算做、不应该做的事情，决不能去承诺。因为轻诺寡信的行为只要做一次，就可能对自己的信用造成长期的难以弥补的损害。

有时候在某种特殊的场合，我们身不由己，不得不向别人许诺，这时，我们完全可以给自己留下充分的余地，先认真想一想可能会遇上的麻烦，如果我们自知无法解决这些麻烦。那么，可以多用一些"可能""也许""大概"等模糊性的字眼，若办成了，别人一定会更加感谢自己；若办不成，那也是有言在先，自然也不会有什么守信的问题了。

身在职场，我们应该言必信、行必果，高度重视信誉，切不可轻诺寡信。对于自己根本做不到的事情，不要轻易许诺；在作承诺之前要慎重，要三思而后行；一旦答应了别人，就要千方百计、不遗余力地去兑现自己的诺言。这才是聪明的做法。严守信用，不食言，对自己所说的话承担责任和义务，才能取信于人，让自己在职场走得更远。

第五章　信：诚实守信，一诺千金

 **祸从口出，少说多做**

《弟子规》中写道，"彼说长，此说短，不关己，莫闲管"，强调在生活中要少说多做，避免祸从口出，职场社会中也需要保持这种处世态度。职场这个圈子也是由不同种类的人群混合组成的，一个人如果想要在职场中有一番成就，需要付出大量的时间和精力。但是这些都还不够，想要在职场这个圈子里明哲保身甚至受人青睐，就一定要注意自己的一言一行，尽量少说多做。因为一不小心，就可能造成"祸从口出"的局面，招致祸端。

这一天是某公司成立五周年的喜庆日子，为了表示对员工的感谢，公司特意邀请了员工的家属来参加这次晚会。

这时，一位男士正在台上引吭高歌。小黄为了拉话题，对他身边的同事说："这人是谁啊？唱这么难听的歌还敢上台？"

"哦，他是我丈夫。"

"啊！不好意思，其实他歌喉挺不错的，主要是这歌写得不好。"小黄连忙道歉。

"这歌是我写的。"同事说完就走了。

从这以后，那同事和小黄关系淡漠了。小黄还发现，其他同事也都有意回避自己。小黄的处境变得有些尴尬，最后只好辞职。

爱说话，听话的人自然就多。一些话在组织或群体中可能会传播起来，一传播就有可能变味了，变味的话若到思想反对者、观念反对者的耳朵里，他们不一定高兴，以为你是在攻击他，因此你就有可能"受伤"。作为职场人，每天身在特殊的环境中，有时候你一句话就有可能损失一单业务。因此，职场人要谨记一下职场中不能说的话，以免厄运降临到你的身上。一个人的人际关系的好坏和他平时说话有着很大关系，祸从口出也是很多人平时稍不注意就会犯的错误。例如，机密资讯、离职想法。当找寻新工作时，绝不能让同事知道。大嘴巴或恶意都可能将消息传入老板耳中。可能结果：当真的离职前，你已经被炒，或是无声无息地被排斥。记住永远不要做办公室里的小喇叭、传声筒。那样只会让自己的职场之路难走。

　　海霞是一家旅行社的文员，人长得漂亮、心地也善良，唯一的缺点就是太爱说话，而且凡事都要插嘴，一说起来就忘了工作。每天海霞一到办公室，就打开话匣子。不管别人理不理她，她照样自说自话，无论其他同事聊什么话题，她都一定要插嘴。短短一个礼拜，同事们已被迫了解了她从小到大的成长历程。

　　随着她说得越来越多，办公室里谣言四起，同事间的关系变得十分微妙。本来气氛和谐融洽，上网工作的同时，还不时与人妙语连珠，工作闲聊两不误。可自从海霞来了之后，同事间竟然到了彼此不敢交谈的地步。她总有一些"悄悄话"和"内部消息"在这个人耳边说完后，又到那个人耳边说。

　　对工作的牢骚更是没完没了，她总是见人就唠叨："我跟你说，昨天市场部的老李升迁了，真不知道老板是怎么想的，他的考核成绩还不如我呢！"……同事们的愤怨并没有维持很久，海霞就被老板辞退了。对于这种影响团队士气的员工，老板从来不缺乏处理的手段。

"一言不慎身败名裂,一语不慎全军覆没。"如果你为了一己之私而泄露了公司里的机密,就是一种对公司、对自己极不负责的态度,是一种背叛公司、背叛自己的行为。这种行为会使你在职场的各个方面都处于不利的地位,会给公司造成危害,给自己涂上污点,使自己的职业生涯笼罩上一层难以抹去的阴影。

传播流言蜚语是职场上的大忌,这些人却不自知,还乐此不疲。从表面看,有些人对传播的流言很感兴趣,甚至"传播者"也会一时之间成为大家眼中的红人。但是有谁会真的愿意与一个整天口无遮拦的人长期相处呢?"彼说长,此说短,不关己,莫闲管。"《弟子规》里的这句话教  导我们:和自己没关的事情不要乱发言。这句话用在职场上,就是要我们不做职场"长舌妇",不要在人前人后说长道短或挑拨是非,埋三怨四。

《弟子规》中还讲到:"邪僻事,绝勿问。"意思是说,对于邪恶怪僻的事情,不好奇地去追问。也就是说,一个人在任何时候都不要去打听小道消息,也不要去传播不该传播的消息或者言论。传播他人的流言蜚语,有时是出于嫉妒、恶意,有时是为了揭示别人不知道的秘密,以此来抬高自己的身价,这些都是令人不能容忍的事。

真正聪明的人,是不会对他人的隐私感到格外好奇的,要知道有些事只能点到为止,这样才能给自己也给他人留下一片自由呼吸的空间。

身处职场,一定不要做流言的传播者,这不仅关系着个人素质问题,还影响到个人的职业前途。所以,管好自己的嘴巴,防止祸从口出。面对办公室里传得天花乱坠的流言,我们也一定要静下心来冷静分析。有些流言本身就漏洞百出,经不起仔细推敲。除了不做流言的传播者,不被流言蛊惑之外,要想成为企业里最优秀的员工,还要注意工作中少抱怨,严格要求自己,处处以企业的利益为重,保守职业秘密。要做到这一点,我们首先要从心理上建立一个屏障,将知道的秘密深深地埋藏在心里。在工作中要勤于思考,做好每一项工作。少说话,增强保密观念,不该说的坚决不说。

其实,职场生活中的很多矛盾和纠纷大多都是因为我们说话不慎而引起的,因为话一旦说出了口,就没有办法再收回了。身在职场中的我们,一定要严格要求自己,做人要低调一点,绝对不要对别人评头论足。要多思慎言,在每句话说出口之前,一定要仔细地思考一番。特别是对于公司里的秘密,要能够守口如瓶,少说多做,真正懂得沉默是金的道理。

孔子曾两次在《论语》里提到"敏于事而慎于言",可见孔子对"少说多做"十分重视。然而,要真正做到"敏于事而慎于言"这一点,我们就要去克服一些自身的缺点才行。少说,并不是让我们不说,而是让我们说该说的话,恰如其分地说话,绝不可胡说、乱说。古语有云,"君子三缄其口""不得其而言,谓之失言",身在职场,如果你不能够确定自己要说的话对人、对事是否有益无害或者利多害少,那就不如不说。因此,在工作中,我们应该多做少说,踏实做人,避免祸从口出。

 **闻过则喜,有错就改**

《弟子规》中写道"见人恶,即自省,有则改,无加警""闻过怒,闻誉乐,损友来,益友却""闻誉恐,闻过欣,直谅士,渐相亲""无心非,名为错,有心非,名为恶""过能改,归于无,倘掩饰,增一辜"这都是教人要学会闻过,敢于接受别人对自己"过"的建议和批

评,并能闻过则改,知错就改。闻过则喜、知错就改的处世之道对职场这个社会具有同样的借鉴和指导意义,值得每一位职场人学习。

> 春秋时期,有个人叫高缭,他为人谨慎,在齐国丞相晏子手下做了三年的官,从来没有犯过错,但晏子却无缘无故把他辞退了。这是为什么呢?晏子说:"我是一个不中用的人,正如一块弯弯曲曲的木头,必须用墨斗来弹,用斧头来削,用刨子来刨,才能做成一件有用的器具。每个人都会有自己的毛病和缺点,但是如果别人不给予提示的话,自己是看不到的。但是高缭呢,他在我身边足足三年,看见我的过错,却从来不说,这对我有什么好处?所以,我把他辞退了。"可见,晏子喜欢人指出他的过失,他认为,指出上司的过失,是手下的责任,否则是没有尽到自己的责任,是毫无用处。
>
> 晏子善于倾听别人的批评,他也非常善于批评,有广博的知识,善用比喻,注意语言的艺术,批评的方式和态度,注意当时的环境,灵活应对。

闻过则喜,首先表现的是职场员工一种宽大的胸怀和气量,它具有两层含义,两种境界。一种是能闻过,即在职场工作中,能够聆听别人对自己的意见批评;另一种就是闻过而喜。倘若在职场中一个人刚愎自用,自行其是,一点都不听别人的批评和建议,把别人对自己忠诚的建议或者是批评当做吹毛求疵,或者是自认为那是别人对自己的妒忌,不容他人说自己半点的不足,就连第一种境界都达不到,其人的心胸可见一斑。这样一来恐怕别说喜了,连闻过都达不到。

"金无足赤,人无完人",每个人都有对美的向往。而对于我们自身来说,我们也会不断地追求更加完善的自己,使自己更加接近于"完人"。这就需要我们不断地改正自身的错误,不断地向好的方向行进。在职场工作中，要不断地完善自我，就要不断地发现自身不完善的地方，并加以改正，也就是所谓的"有则改之，无则加勉"；要敢于闻过，也要敢于改过，人便是在闻过改过这样一个又一个的循环中实现自我，提升与自我完善的。每个人都会犯错，这不可怕，只要闻过则喜，并改正错误，那么我们将看到一个更加完善的自己。正如论语说："君子之过也，如明之食焉。过也，人皆见之；更也，人皆仰之。"

闻过则喜的对立面是文过饰非，讳疾忌医，这都是不可取的。文过饰非较之讳疾忌医程度还略轻，危害程度较小，其后果无非是止步不前，终究自食苦果。周厉王不听召公之谏，不容国人之言反而派人监视国人，最终致使国人把自己流放；晋灵公厚敛劳民，不听季公、赵盾之谏，反而听信谗言，诛杀大臣，终至被杀于桃园。可见不肯闻过终究会祸及自身。

闻过不是目的，改过才是。知错就改，有错即改才能越来越完善。知错就改，不仅是一种处事态度，而且是一种实际行动。在职场工作中，当上司、老板对我们的工作提出批评建议时，我们要保持虚心的求教态度，如果真的有错，就要果断改正；当同事向我们提出建议时，不应置之不理，而是检查自身、反省自身，对于可行性的建议要听从、借鉴，从而不断地完善自己、提升自己，增强职场的竞争力和影响力。

常言道，"人非圣贤，孰能无过？过而能改，善莫大焉。"索福克勒斯也曾说过："一个人即使犯了错，只要能痛改前非，不再固执，这种人并不失为聪明之人。"承认错误并不是自卑，也不是自弃，而是一种诚实的态度，一种锐意的智慧。楚文王因改过而成就了他的英名，也造就了楚国的盛况，然而有着西楚霸王之称的项羽却因为不能勇于承认自己的错误，刚愎自用，最终落得个乌江自刎的下场。列宁也曾说过："聪明的人并不是不犯错误，只是他们不犯重大错误同时能迅速纠正错误。"一个人难免犯错误，关键在于犯错之后能够严肃地对待错误，改正错误。

闻过则喜，有错就改，不应只是职场员工挂在嘴边的话语，更应是其对待自己过错和不足的一种态度。在职场生活中，职场员工要深入学习《弟子规》的思想内涵，坚持闻过则喜、知错就改，摒弃刚愎自用、文过饰非和讳疾忌医，只有这样，才能使得自己在人格素养和职业发展方面不断完善、不断提升，从而在职场社会中占据更为重要的地位。

见贤思齐，砥砺自新

见贤思齐，指的是见到有才德的人就想着与他齐平。子曰："见贤思齐焉，见不贤而内省也。"这说的就是一种正确的态度——看到他人的长处就要向其学习，看到他人的短处，就应该时刻反省自己，看看自己是不是也有同样的毛病，有则改之，无则加勉。这是中华民族的传统美德和中国文化的重要内涵，也是个人为提升自我素质和人生价值的重要选择。《弟子规》中，"见人善，即思齐，纵去远，以渐跻"就提倡见贤思齐的处世哲学，强调在生活中要向贤者和智者学习，并通过不断努力向其看齐，提升和发展自己。

一天，子夏读完书来见孔子，颜回正坐在孔子旁边。子夏按捺不住读书后的兴奋心情，对孔子说："先生，我刚刚读完这些书，心情很舒畅。"

孔子看见子夏高兴的样子，问道："你可以谈谈读书的感想吗？"

这正是子夏想要做的事情，他说："当然可以。书对于事物来说，就像太阳和月亮的光芒一般明亮，像星星一样丰富多彩。书中有尧舜伟大的道德，有夏禹、商汤、周文王高尚的礼仪。我从先生那里学到的，铭记在心中永远不敢忘记。虽然住在茅草屋里，我弹琴唱歌以颂扬先生的人格和理想。有朋友来，我快乐；没有朋友来，我也快乐。我已经能够发奋读书，修养人格，达到忘记吃饭的境地了。《诗经》上说，'一根横木做门框，房子虽破能住下。泉水哗哗在流淌，清水也能填饥肠。'"

子夏说完便看着孔子，他以为会得到老师的夸赞。不料孔子的脸色一下子变了，显得非常生气。他正在纳闷，孔子开口说道："我的学生开始鸿篇大论地谈论书了！"子夏见老师真的生气了，恭立在一旁不敢说话。

孔子怒气未消地说："你只见其表，未见其里。"颜回问道："先生，表面的东西已经看见，里面又有什么东西呢？"

孔子说："看见了门，不进到里面去，怎能知道深藏的奥妙呢？进到门中再探询深藏着的奥妙就不难了。我孔丘曾经尽心竭力，现在已经进入门中，就像来到了险峻的大山之中，前面有耸立的悬崖，后来有深不可测的山谷，那里的风光奇妙无比。"

颜回和子夏听后对视片刻。颜回说："只见到门，而不深入到里边，不能知道那里面深藏着的精微奥妙啊。"子夏向孔子深施礼说："先生的话，弟子受益匪浅，我当专心深入学问的大门之中，探询事物的精微奥妙之所在。"

后来，叔孙武叔在朝廷中对大夫们说："子贡比他的老师仲尼还要强些。"

有人把这话告诉了子贡。子贡说："拿房屋的围墙作个比喻吧，我家的围墙只有肩膀那么高，谁都可以站在墙外看见里面房屋的美好。我老师的围墙却有好几丈高，如果找不到大门走进去，就看不见他里面的宗庙建筑的雄伟、房屋的多种多

第五章 信：诚实守信，一诺千金

样。能够找着大门的人或许不多吧。叔孙武叔先生那么说，不也很自然吗？"

陈子禽对子贡说："您是十分谦恭、客气的，仲尼怎么能比你还强呢？"子贡回答道："君子说一句话就可以表现出他的聪明，也可以表现出他的无知，所以说话不可以不慎重。我老师是没有人可以赶上的，就像不能用梯子爬上青天一样。我的老师如果当上诸侯或卿大夫，他要老百姓立足社会，老百姓就会立足于社会；他引导老百姓前进，老百姓就会跟着走；他安抚百姓，老百姓就会自动归顺；他要动员老百姓，老百姓就会同心协力。他生得光荣，死得可惜，怎么能够被别人赶上呢？"

从这可以看出，子贡确实是一个贤德的人。见到有贤德的人就想向他看齐，懂得知错就改，谦虚做人。这种人的修养境界是很高的。

人是通过学习而达到善良的，向谁学习？向品德才能好的人学习，即"见贤思齐"。孔子说："性相近也，习相远也。"汉代杨雄说："人之性也善恶混，修其善则为善人，修其恶则为恶人。"这都是要求向品质好的人学习。宋朝学者杨万里在《庸言》中写道："见人之过，得己之过；闻人之过，得己之过。"了解了自己的错误和缺点，就要改正错误，认真学习，变缺点为优点。更何况，作为人，"不贵于无过，而贵于能改过"。

见贤思齐，见不贤内自省，是增进个人道德修养方法之一。实际上这就是取别人之长补自己之短，同时又以别人的过失为鉴，不重蹈覆辙，这是一种理性智慧的处事修己之态度。相反的，若凡事以自我为出发点来思考事情或评断别人，这样的人将永远活在自己设限的框框里，而无法

透彻洞悉更高的人生哲理及智慧。也就丧失个人修养提升的契机。既能够"见贤思齐",又能够"见不贤内自省"者,向外向内,做到如此,修身必得正果。

《弟子规》里说,"见人恶,即内省",见贤要思齐,见不贤即要内省,这也是《弟子规》教给我们的道理,自我反省就是自我提升。

著名的经济学家凯因斯,同时也是华尔街投资公司的高级顾问。他的一生非常成功,年纪轻轻就已成功,凯因斯有一个习惯,喜欢为自己制订计划。计划包括每一年的计划,也包括每个月的计划,甚至还精确到每一天。可以这样说,他之所以能够取得成功,这些计划起了非常重要的作用。

记者问:"计划?怎么利用这些计划呢?"凯因斯说:"只有计划是不行的,还要自我反省。我每天都要反省,看一看今天有什么收获。凡是没有做好的地方,必须想办法弥补回来。同时,再想一想今天的成绩,用它们来鼓励自己继续努力。同样的方法,每一个月,每一年都要做这样的反省。"

可见,反省是一种最优秀的品质。每天进行心灵盘点,时刻进行自我检查与审视,及时知道自己近期的得与失,思考今后改进的策略,从而取得更出色的业绩,事业才能得到更长远的发展。

日本"保险行销之神"原一平每天晚上8点进行反省,并将之列入每天的计划,把反省当成每天的工作,最终摘取了日本保险史上"销售之王"的桂冠。拿破仑被放逐到圣海伦岛时,曾说:"我的失败完全是自己的责任,不怪罪任何人,我最大的敌人其实是我自己,这也是造成我悲惨命运的主要原因。"

富兰克林每晚都自我反省。他发现过三项严重的错误，其中三项是：浪费时间、关心琐事及与人争论。睿智的富兰克林知道，如果不改正这些缺点，是成不了大业的。所以，他一周订一个要改正的目标，并每天做记录。下一周，他再努力改正另一个坏习惯，他就是这样一直与自己的缺点奋战，整整持续了两年。后来，他成为极具影响力的人物。

看到有道德、有学问、有修养的贤者，我们就要追求上进，砥砺自新，向他看齐；反之，看到不贤者，我们要以之为镜鉴，反思自己，只有这样我们才能不断成长和进步。朱熹对"见贤思齐焉，见不贤而内自省也"是这样注的："思齐者，冀己亦有是善；内自省者，恐己亦有是恶。"前者是积极的向善，后者是消极的自防。反省，是人的自我意识成熟的标志。经常反省，有错改之，无错则免。

见贤思齐、砥砺自新对职场这个小社会具有深刻而长远的影响。在职场中，"见贤思齐"既关系到职场人的个人成长，又关系到职场人就职单位的发展和进步，要引导职场人学会见贤思齐、砥砺自新，从而推动形成浓厚的"见贤思齐"的企业文化氛围。

王晓宇大学毕业后便进入一家外贸企业工作，短短几个月的时间他就得到了升职，成为企业的经理。这一切都源于他对自己工作的热情和自身学习能力。在职场工作中，王晓宇总是善于发现身边人的优点，并积极主动地向他们学习，不断提升自己的职业竞争力，与同事间相处有道，在职场中拥有良好的人际交往关系，总是将自己的个人利益同企业的利益相结合，从而有效开展工作，认真完成上司、老板交付的各项工作任务，深受老板的喜欢和信赖，从而得到升职加薪。

每个企业都很看重员工的学习能力，因为只有学习能力强的员工才能为企业持续不断地创造价值，才能成为企业不可或缺的人才。身为一个职场新人，必须通过不断提高自己来提升自我价值，获得老板的肯定。职场中，从来不乏有德有才的优秀人士，而提高自己的一个好途径就是善于发现职场的优秀人才并向其学习，真正做到见贤思齐。

如果一个职场人站位高远，心里总装着一个大目标，经常将自身的利益和团队的集体利益、公司企业的长远利益有机地结合起来，那么他一定能够做到"见贤思齐"。就具体实践而言"见贤"要从大处着眼，"思齐"要从小处入手。只有这样，"见贤"才能找到真正的"贤"，"思齐"才能学到真谛。同时，只有善于见人之长，乐于誉人之"贤"，真心欣赏别人之才，并虚心接受者，才能上演出"见贤思齐"的佳话。

职场人如何才能在职场中做到"见贤思齐"呢？首先，如果想要成为一名优秀的职场员工，就要不断改造自身的主观世界、加强自身修养、加强品格陶冶。其次，要善于发现职场中的优秀人才并虚心向他们学习。最后，职场人要时刻用高标准严格要求自己，时刻自重自省自警自励。总之，一个有积极进取心的职场人，应该时刻以高标准要求自身，在工作中以行动践行责任，要做到见贤思齐，不断提升自身思想境界，永远保持进取心，并拿出真抓实干的干劲、韧劲，才能在职场这条人生道路上越走越长、越走越宽。

每一个职场人都应该认真学习《弟子规》相关重要精神内涵，学会敞开心扉，见贤思齐，虚心学习，砥砺自新，不断超越，增强自身的职场实力，做一个有价值的优秀职场人。

第六章
泛爱众：心存善良，厚道宽容

"泛爱众"突出指明了人际交往的标准，教导我们要心存善良，厚道宽容，以仁爱之心对待身边的每一个人。教育人们如何以同理心、慈悲心、自爱心和爱他心，去广泛地爱一切人，学会时时处处与人为善，本着仁爱之心为他人着想，从而营造安宁和谐的氛围。

 勿揭人短，不扬人恶

《弟子规》里说："人有短，切莫揭，人有私，切莫说"，即对于别人的短处，不要揭发出来；发现了别人的隐私，也不要传出去。这正是有仁爱之心的表现。

仁是儒家思想和道德的基础和核心，也是对后世影响最为深远的儒家思想之一。在儒家最重要的经典文集《论语》中，关于"仁"的言论就出过109次。可见"仁"在儒家思想体系中的重要程度。那么到底什么是"仁"？

这个问题，先后曾有颜回、樊迟、弓、司马牛、宰我等多名孔子的高徒请教过孔子，孔子也分别给出了回答。

《论语·先进》载："颜渊问仁，子曰：'克己复礼为仁。'"

《论语·颜渊》载："樊迟问仁，子曰：'爱人。'"

"仲弓问仁，子曰：'出门如见大宾，使民如承大祭。己所不欲，勿施于人。在邦无怨，在家无怨。'"

"司马牛问仁，子曰：'仁者，其言也讱。'"

《论语·阳货》载："子张问仁，子曰：'能行五者于天下为仁矣。'请问之。曰：'恭、宽、信、敏、惠。'"

《论语·子路》载："子曰：'刚、毅、木、讷近仁。'"

"樊迟问仁，子曰：'居处恭，执事敬，与人忠。'"

《论语·雍也》载："夫仁者，己欲立而立人，己欲达而达人。"

第六章 泛爱众：心存善良，厚道宽容

《论语·宪问》载："仁者必有勇。"又云："仁者不忧。"

其中被公认为最经典也最能代表孔子对"仁"的思想的回答，是孔子和樊迟的对话："爱人。"

仁是什么？就是爱人，就是"己所不欲，勿施于人"；就是将心比心，以心换心；就是以己之心，度人之心，以己之爱，予人以爱；就是"己欲立而立人，己欲达而达人"；就是慈爱之心，就是悲悯之心，就是宽容之心，就是仁义之心；就是宁愿自己吃亏吃苦也不愿他人受委屈的善良之心。千年以降，这种"仁"的精神已渗透到中国人的血液里。几千年来不仅是读书人奉行的思想圭臬，更是许许多多普通中国人努力践行的行为准则。

对于现代员工而言，更需要拥有仁爱之心。只有具备仁爱之心的员工才能以己度人，将心比心，善待同事，善待老板，善待客户，与大家和谐相处；因为有仁爱之心，才能换位思考，心怀慈悲，才不会用心险恶，不会伤害别人；因为有仁爱之心，才能"居处恭，执事敬，与人忠"，爱岗敬业，忠诚负责，勤奋踏实，兢兢业业做好自己的事情；因为有仁爱之心，才能心胸宽广，化敌为友，才能与同事和睦相处，与对手公平竞争，才能以善良、友爱的态度对待每一个人，才能多为别人着想；因为有仁爱之心，才能乐于助人，善于合作，收回绊人的腿，伸出助人的手，扶人危难，救人险急，甚至不顾自己的一切……当然更会以心度心，将心比心，不揭人短，不扬人恶。

短，本是长度单位，与长相对，又引申为缺点，过失，如李渔《闲情偶寄·种植部》："兼百花之长而各去其短。"所谓揭人短，就是将别人的短处揭露出来，公之于众。这个"短"，包含了一个人所有的缺点、不足、不堪甚至隐私。这其实是一种非常刻薄的行为。《金瓶梅词话》第八六回："你打人休打脸，骂人休揭短"，在民间，揭短和打脸一样，是最让人不能忍受的行为。《弟子规》中"人有短，切莫揭，

人有私，切莫说"，就是教导弟子要心存仁爱，厚道宽容，给人留面子，不论何时都不可做事过分。

天下之大，人口之众，人人有短，人人有私。揭人之短有显己长之嫌，本身就是一个缺点，说人之私有暴私取乐，炫我知人不知之嫌，本身就是有私心。揭短说私，招惹是非。我揭人短，人揭我短，互为因果，何时是个头？我说人私，人说我私，冤冤相报，岂不是一团乱麻？人的短私，关联着人的尊严，人的信心。揭短如打人脸，说私如脱人衣，只要换位思考，就会有切肤之感。

无论在什么场合，被别人点中自己的隐私、短处，对任何人来说，都是件令人气愤的事。尤其是他人身上的缺陷，千万不能用侮辱性的语言加以攻击。在中国，有所谓的"逆鳞"之说，据说在龙的喉部以下一尺的部位上有"逆鳞"，如果不小心触到这一部位，必会被激怒的龙所杀。事实上，无论品格多么高尚伟大的人，胸怀多么宽宏大量的人，身上都有"逆鳞"存在，也就是我们所说的"痛处"，也就是缺点、自卑感及隐私。所以，为人处世不要触及别人的"逆鳞"，也就是要做到不要揭人短、扬人恶。

日常交往中，很多人"揭短""扬恶"有时是故意的，那是互相敌视的双方用来作为攻击对方的武器。"揭短""扬恶"有时又是无意的，那是因为某种原因一不小心犯了对方的忌讳。有心也好，无意也罢，在待人处世中揭人之短都会伤害对方的自尊，轻则影响双方的感情，重则导致合作的破裂，产生负面影响。

俗话说"打人不打脸，骂人不揭短"。即使在言论自由的现代社会，人们一样也有忌讳心理，有自己与人交往所不能提及的"禁区"。我们常说的矮人面前不说短、"东施"面前不言丑一样，别人的短处缺陷、隐私尽量地避而不谈。避讳不仅是为人处世的技巧问题，也是一个人慈悲心和同情心的问题。尊重他人就是尊重自己。为自己留口德，同时也避免了祸从口出。身在职场，我们尤其要记住不揭人短、不言人恶。公司中同事之间对待工作要就事论事，千万不能因为意见分歧或一点不愉快就进行人身攻击、揭人之短。

在职场里，我们要学会说一些场面话，尽量体谅并多说一些赞美同事的话，不揭人之短，不扬人之恶，只有这样我们与同事之间的关系才会越来越好，团队精神增强，同时也可消除我们工作中的人际隐患，从而使我们的事业在合作中取得新的突破和发展。反之，如果我们揭人之短，扬人之恶，一不小心，也许就会踏进了语言的"雷区"，触犯了对方的禁忌。而盲目触及别人的"雷区"，别人就会对我们产生不好的印象，进而损害同事间的人际交往关系。

> 谢苗和黄英本是生活中的好友，职场中的好同事，但却因为谢苗的一次行为给她们的友谊蒙上了阴影。几个月前，在一次工作会议上，大家讨论业绩的时候，黄英因为本月的业绩没有达标，老板让其总结分析一下原因。黄英站起身来还没有开口，谢苗就说是因为黄英最近的婚姻出现问题，正在和老公协议离婚，所以影响到了工作任务的完成，是情有可原的。讨论会上顿时安静下来，黄英只好说谢苗说的是对的。可是这件事后，黄英和谢苗的关系就疏远了很多。

职场中，我们不要揭人之短，更不要搬弄别人的痛处。别人的缺陷、或者家庭不幸、或者有其他的短处，心里已经很痛苦，不能再雪上加霜。例如，当你的同事受到某种打击，情绪低落时，如果他不愿主动提及令自己伤心的事，你最好躲避这类话题，否则就会影响彼此的交谈和你们的关系；当你的同事的恋爱、婚姻正遭遇一些挫折时，如果他不愿意向别人透露，你一味地刨根问底，自然会引起对方的反感；当你的同事提拔升迁没能如愿，或负责的某个项目没有成功，如果他不愿主动向你诉说，你不顾其感受而主动问及此事，你的同事就会因此而陷入尴尬，对你产生反感情绪。

真正内心善良仁爱的人，不仅不会揭人短说人私，还会"道人善""隐人恶""劝人善"。

《格言联璧》云："静坐常思己过，闲谈莫论人非。"印光法师说过："只看好样子，不看坏样子。看一切人都是菩萨，唯我一人是凡夫。"弘一大师说："吾每日思己之过都来不及，哪里还有时间批评他人是非？"这都是有大爱之心的人所表现出来的宽厚和善良。

不扬人之恶，并非纵容或是包庇他人的"恶行"，而是给别人一个改正的空间，是宽容和仁爱的又一种表现。

身处职场，学会尊重别人，就要从小事做起，不揭人之短，不扬人之恶，这不仅是对别人尊重的表现，更是一个职场君子的表现，广大职场人应努力在职场中做一个与时俱进的高素质的君子，问心无愧地立足职场、立足社会。

勿嫌贫富，平等待人

《弟子规》里说："凡是人，皆须爱，天同覆，地同载""勿谄富，勿骄贫，勿厌故，勿喜新"，说的是凡是人，都要以爱心对待，因为我们是同类，在同一个天地间生活；不要谄媚巴结富有的人，也不要对穷人傲慢无礼。不要厌弃过去的朋友，也不要只喜欢新结交的朋友。

这其实提倡的就是一种平等待人、泛爱众人的思想，就是教导弟子要把那些阻碍我们爱心的习气毛病去掉。人往往有一种高慢之心，看到富贵者，他就生起阿谀奉承、巴结之心，看见贫贱者，他往往生骄慢之心、轻视之心，嫌贫爱富，瞧不起穷人，慢待穷人，这是不对的，也是

第六章 泛爱众：心存善良，厚道宽容

儒家所不提倡的。

《朱子治家格言》上讲，"见富贵者而生谄容者，最可耻；遇贫穷而作骄态者，贱尤甚。"看见富贵的人满脸笑容，跟他们非常客气，阿谀奉承，一种巴结谄媚的态度，叫君子看到觉得这是很可耻的。所以要知道羞耻，"知耻近乎勇"，懂得知耻的人，他就自然不会做出这些可耻的事情。对富贵者也好，对贫贱者也好，我们都要用恭敬、尊重的态度。真正有涵养、有道德品行的人，他绝对会守住自己的本分。因为他能够守住自己的本分，他见到富贵就不会巴结，见到贫贱他也不会起骄慢之心。这样的思想才是《弟子规》所提倡的"泛爱众"的思想。

> 东汉时期宋弘做司空的时候，正值光武帝刘秀的姐姐湖阳公主刚刚死了丈夫，光武帝就和湖阳公主谈论朝里的臣子，去探她的意思。湖阳公主说："宋公有很威严的容貌和很有道德的器识，在一班臣子里没有一个赶上他的。"光武帝听了，就去对宋弘说："俗语说，做了官，好把贫贱时候的朋友换了；有了钱，好把穷苦时候的妻子换了，人情上不都是这个样子吗？"宋弘说："臣闻'贫贱之交不可忘，糟糠之妻不下堂'。"这就是说，凡是贫贱时候交的朋友，是不可以遗忘的，同过甘苦吃着糟糠的妻子，是不可以离异的。光武帝听后，很赞赏他，就对湖阳公主道："这件事情还是算了吧。"
>
> 宋弘的做法千古流传，他真正做到"勿谄富，勿骄贫，勿厌故，勿喜新"，对朝夕相处的妻子念念不忘，而不去讨好巴结富有的人。

不可否认，由于社会上的机会、财富和各种社会资源的不完全平均分配，导致社会上的人有贫有富，有位高位低之别。正因为存在着人与人的差异和现实不平等现象，勿嫌贫富，尊重他人，平等待人才能够显

示出美好的道德价值。

世界著名的文学家萧伯纳一次到苏联访问，在街头遇见一位聪明伶俐的小姑娘，就和她一起玩耍。离别时对小姑娘说："回去告诉你妈妈，今天和你玩的是世界著名的萧伯纳。"不料那位小姑娘竟学着萧伯纳的语气说："你回去告诉你妈妈，今天和你玩的是苏联小姑娘卡嘉。"这件事给萧伯纳很大的震动，他感慨地说："一个人无论他有多大的成就，他在人格上和任何人都是平等的。"

平等待人是指在人与人的交往中，平等地对待别人、尊重别人，不可居高临下或盛气凌人，也不可逢迎巴结。《弟子规》中写道，"勿谄富，勿骄贫，勿厌故，勿喜新"，强调为人处世过程中要勿嫌贫富，平等待人。那种实用主义的或功利主义的使唤别人，把别人当做自己的工具，用得着时，想方设法地笼络、甜言蜜语哄骗，用不着时，把别人抛在一边，视同路人，必然破坏了交往中平等的基础。那种以地位、权势、金钱为标准，或者看不起别人，或者逢迎奉承的交往方式，是不能长久的，也是受到人们鄙视和唾弃的。反之，平等待人，你会赢得尊重和赞赏。

一次，女王维多利亚忙于接见王公，却把她的丈夫阿尔倍托冷落在一边。丈夫很生气，就悄悄回到卧室。不久有人敲门，丈夫问："谁？"回答："我是女王。"门没有开，女王又敲门，房内又问："谁？"女王和气地说："维多利亚！"可是门依然紧闭。女王气极，想想还是要回去，于是再敲门，并温和地回答："你的妻子。"丈夫边笑边打开了房门。故事说出一个道理：只有你平等待人，别人才会尊重你，无论你是谁。

孔子说过"上交不谄，下交不渎"，是说人际交往中，对比自己身份高的人，不要低声下气；对比自己地位低的人，不能高傲怠慢。不管人的地位、职务、成就如何，从人格上来讲，都是平等的。平等待人、以礼待人是双方交往的基本原则。同样的道理，在职场人际交往中，同事间更应该平等相待，不能因为彼此家庭条件的好坏和个人经历的多少而对人"另眼相看"；也不能因为双方在工作成绩、现实表现和能力，甚至外貌等方面存在差异而看不起别人；更不能因为自己受到上司的表扬而自觉高人一等。必须要树立起平等待人的观念，这样，不但在现在的单位能以平等待人去换取别人平等地对待自己，而且对于今后，到任何一个部门或者单位，都能与别人平等交往、广交朋友。

> 张逸和李刚在同一家商场工作，他们间的人际交往关系也比较和谐。有一次，有位顾客来商场购买东西，张逸接待了这位顾客。经过一番挑选和考虑，顾客终于找到了合心意的商品，但由于所带的钱不够就询问张逸是否可以打折，谁知张逸直接忽视顾客的话，而且说没钱就不要耽误这么长时间。顾客听后没说什么，只是默默地走开了。李刚看见这种形势，急忙向顾客解释，告诉顾客这件商品已经是打过折扣的了，不过您也可以考虑一下另一款，价钱比这个便宜但性能也不错，如果您真的喜欢这一款，您有时间的话可以明天再来看看。顾客对于李刚的服务很满意，并立即决定买下另一款商品。

职场人在与同事、领导、客户交往时，平易近人，随和主动，会给人一种亲切感，人们自然会愿意跟你相处。相反，清高自负，自命不凡，或性格孤僻，不合群的人，别人自然会对你敬而远之。上述案例中，李刚不嫌贫富，平等对待客户，尽心为客户服务，而张逸却是因顾客没有带足钱，就给客人脸色看，这种做法是不可取的。彼此交往中难免会产生一些摩擦或误会，但保持勿嫌贫富、平等相待的处世态度才是搞好职场人际关系的良策。

来到一个新的职场环境，同事之间无论职位高低都应平等相待，不要有亲疏之分、厚此薄彼，不要冒失地卷入职场的人事纠纷中，切忌拉帮结派、搞小圈子，而要以平等、诚恳的态度待人接物，尽力与每个同事建立各种正常友好的人际关系。

因此，身处职场，我们在与他人相处时，无论对方的天赋、出身、贫富、职务如何，都应本着真诚、尊重、友善、礼貌的态度相待。除了这些，我们还要有发自内心的对他人人格上的尊重，要有客观的实事求是的态度，要摒弃陈腐观念和偏见，建立平等、真诚和和谐的人际关系和职场文明氛围。

与人不争，远离嫉妒

在当今物欲横流的社会浪潮中，每个人都在孜孜不倦地追逐着名利，争夺着利益优势，但其实"不争"也是一种处世哲学。不争，是一种态度，是一种心境。《弟子规》中写道，"凡取与，贵分晓，与宜多，取宜少"，强调为人处世要学会不争的哲学；另外《道德经》中有一句话提到，"夫唯不争，故无忧。夫唯不争，故天下莫能与之争"，就告诉我们不争所蕴含的人生智慧。不争不是一种消极避世的人生态度，而是心存远志、不为外物所动的坚守。不争在某种程度上来说也是争的一种表现形式，即"不争之争"。老子说："夫唯不争，故天下莫

第六章 泛爱众：心存善良，厚道宽容

能与之争。"这句话的意思是，正因为不与人相争，所以天下没人能与他相争。可惜的是，中国历史上能参悟和运用这一心术的人真是凤毛麟角。

在职场中，所谓的"不争之争"就是：不与员工争利，不与下属争权，不与同级争功，不与上司争名。首先，不与员工争利。作为职场中的管理层，要考虑员工的利益，保护员工应得的各项权益，只有这样，员工才会全心全意为企业创造价值；其次，不与下属争权。企业的管理是分层次的，不同层次的人员就有不同的权限。层次越高，所拥有的权限也就越大，反之，就越小，上层不应该大包大揽与下属争夺管理权限；再次，不与同级争功。职场工作中需要团结协作，而与同级争功则很容易树敌，影响同级间关系。最后，不与上司争名。在职场中，上级和下级间的关系具有整体的相关性，与上司争名，易引起上层领导的反感，最终影响个人职业发展。

其实，"争利""争权""争功""争名"，这些现象的背后都是职场人内心深处的"嫉妒"在作怪。嫉妒是一种比较复杂的心理，它包括焦虑、恐惧、悲哀、猜疑、羞耻、自咎、消沉、憎恶、敌意、怨恨、报复等不愉快的心理状态。同时，嫉妒是一种正常的情感体验，对人的发展具有双重的影响。讲到嫉妒，不得不提到羡慕。羡慕和嫉妒是两种非常相似但又截然不同的复杂情感，都包括有失望、悲伤、羞愧等多种成分。但羡慕是对幸福概念的一种认知，对他人幸福的一种祝福，往往指向更正向的情感以及更多的愉快体验，并希望自己也早日获得同样的成果，是成长和竞争的一种重要动力。当羡慕一旦发展出攻击性，就会演变为内潜着对别人幸福的破坏倾向的嫉妒，最终可能会伤人伤己。

年纪相仿、几乎是同时入职的小孟和小艾，由于性格投契

很快成为好友。她们在工作时合作愉快，工作之外也如知己般无所不谈。然而改变却由一次奖励开始。

为人处世八面玲珑的小艾因为深谙与上司的相处之道，在去年的年会上获得"最佳员工奖"，逐渐成为部门"红人"。此后，她的举手投足开始发生微妙的变化，与同事说话的语气也渐发强势起来——当然，这一切也许都是小孟自己的感觉而已。

"不知为何，我觉得她和以前不一样了，仗着自己受宠，说话做事样样带刺，让我难以接受。"她说，"后来终于有一次，我们因为工作上的小分歧，大吵了一架"。

小孟承认当时自己是有点借题发挥，趁机释放心中对小艾的"羡慕嫉妒恨"。结果，两人争吵得不可开交，甚至还当着部门同事的面，把对方生活中的"小秘密"都抖了出来。结果可想而知，曾经惺惺相惜的两个好友从此交恶。

嫉妒俗称为"红眼病""吃醋""吃不到葡萄说葡萄酸"等。嫉妒是一种比较复杂的心理，它包括恐惧、悲哀、猜疑、消沉、憎恶、敌意、怨恨、报复等不愉快的心理状态。对于他人取得的成绩、做出的贡献，或者对于那些在学习、工作上走在自己前面的人，是心悦诚服，虚心学习，热情赞扬，还是妒起谤生，甚至排挤陷害，这是衡量一个人心灵美丑、品德高下的重要标志。

《朱子治家格言》上说："嫉妒不平，怨人害己。"嫉妒可以制造不和，妨碍团结，摧残人才，抑制创新，损人又害己，实属社会和人生进步的一大障碍。翻开《史记·孙子吴起列传》，"孙庞斗智"的故事是人们早已熟知的；《三国演义》中，诸葛亮"三气周瑜"的故事，更是家喻户晓。那些为争一口恶气，心生嫉妒之人有几个不是最终搬起石头砸自己的脚？

嫉妒害人又害己。从一些历史故事中不难发现嫉妒的这一特点，庞涓嫉妒孙膑、周瑜嫉妒诸葛亮等，都是以害人开始，以害己结束。平心而论，庞涓和周瑜都是当世人才，若是正常发展，定会在各自的国家做一番成就出来，但他们却容不下他人，为与人争，心生嫉妒，最终沦为历史的笑柄。

当职场人产生嫉妒心理时，可能会表现为工作上不配合、人际关系紧张、积极性降低等，而如果这些现象长期存在，就会严重影响工作效率、工作质量、人际关系，对个人和组织的发展都非常不利。有调查显示，近八成职场人表示自己有嫉妒心。比如，当员工之间的地位、能力相当时，如果其中一方获得上级的认可、升职、加薪或者学习机会时，可能会引起其他员工的嫉妒；有利益冲突的员工之间也容易出现嫉妒心，毕竟荣誉或者奖励是有限的，给了其他人，可能自己就会失去机会；女性员工比男性员工更容易产生嫉妒心，女性天生更感性一些，对外部的第一反应往往是情感性的，而男性员工产生嫉妒心理的比例则相对较小，而且也会更快恢复。

嫉妒心理是一种破坏性因素。从自身来讲，嫉妒使人把精力用于阻碍别人的成功，而不是潜心于自我的提高。工作中若有嫉妒心理，会使人情绪消极，失去上进的动力。对同事和领导产生偏见，不能正确对待同事和领导的意见，不利于团结和工作的开展，最终只能导致自身的孤立，时间长了甚至会影响健康。就他人而言，嫉妒者的流言、恶语、陷害、阻挠、拆台、造谣等，往往会给同事和公司造成恶劣的后果。

荀子有一句名言："士有妒友，则贤交不亲；君有妒臣，则贤人不至。"这句话的意思是说：一个人如果有一个嫉妒的朋友，那么有才能的人就不会亲近他；一个皇帝如果下面有一个嫉妒的臣子，真正有才能的人就不会前来辅佐他。

作为一名员工，工作中应该争取的一定要争取，如果你的才能或努力不及同事，而心生嫉妒，那么你就将关闭同事之间的友谊之门，在工作上失去了互相交流、取长补短、切磋进取的机会，而且自身也会心情不愉快、人际关系恶化，同时还使自己丧失应有的善良。

其实，在激烈的职场竞争中，优秀的职场人数不胜数，有竞争之心也是对的，但决不能用在争名利、争欲望这种事情上，同时不嫉妒别人的成就，而是要把别人的成就当做自己事业前进的驱动力，这才是职场员工正确的职场态度。

乐于助人，成人之美

"成人之美"是一种高尚的道德品质，古人有"君子成人之美，不成人之恶"一语，将"成人之美"视为君子情怀。君子性情温和，能善待他人，主动去做别人不愿做的事，因而能常常做到成人之美；与君子相反的是小人，小人妒忌别人，自私自利，只考虑一己私利，不能学会在合作中实现共赢，因而常常成人之恶。

"成人之美"即成全他人的好事，也就是要想方设法地去帮助他人实现其美好的愿望，这是《弟子规》中特别强调的重点。也是儒家立己达人精神的重要体现，更是做人处事的美德。

著名书法家王羲之的书法天下闻名，但是他轻易不肯给人写字。有一天，王羲之在路上遇见了一位贫苦的老婆婆，提着一篮竹扇在集市旁叫卖，却没有什么人去买。他看到后心里很感同情，于是就帮老婆婆在每把扇子上都题上字。人们知道后纷纷围拢来抢着购买，一篮子竹扇很快被抢购一空。等着买米下锅的老婆婆非常高兴，十分感谢乐于助人的大书法家。

第六章 泛爱众：心存善良，厚道宽容

《弟子规》中写道，"将加人，先问己""恩欲报，怨欲忘，报怨短，报恩长"强调为人处世要学会乐于助人，学会成人之美。这对职场也有重要的启示作用和影响。

乐于助人、成人之美在现代职场发展中仍具有强烈的现实意义。工作中，帮助他人就是帮助自己。当你成人之美了，别人也自然乐意"成你之美"。俗话说得好：你可以得到一切你想要的  事物，只要你帮助足够多的人得到他们所想要的。迈克尔·乔丹也说过：一名伟大球星最突出的能力，就是让周围的队友变得更好。当身边的同事遇到困难时，热情真诚地给予帮助，成人之美，是增进职场友好同事关系的"黏合剂"。那种凡事只怕自己吃亏，遇困难就躲，见荣誉就争，贬低别人，抬高自己的人，不仅不会赢得别人的好感，更不会得到别人的帮助，人际关系肯定紧张。同时，职场中的"成人之美"更是展现了职场人宽阔的胸怀和高尚的美德。

2009年10月，吴建华被推选为公司销售部门的负责人，对他来说，这意味着踏入公司仅仅几个月的时间便进入了公司的核心管理层。

因为拥有出色的业务谈判能力，吴建华时常受到同事的邀请一起洽谈业务，而他参与谈判的业务大多能够顺利签约。自从进入公司的销售部门以来，短短的几个月内，他已经帮助十多位同事成功签订了近20份合约，实现销售回款近300万元。他将帮助同事视为乐趣，并坚持一项原则：只要同事有需求，一定全力以赴帮助对方。

吴建华发扬助人为乐的精神，不断地成人之美，逐渐引起了公司高层管理者的关注，同时，他也赢得了销售部门同事的拥护。于是，到了2009年10月——距离吴建华加盟公司尚不

足半年的时间——公司决定改选他担任销售部门的负责人。

"部门负责人的任务不是一味地追求个人业绩,而应帮助同事取得出色的业绩。吴建华完全具备这一能力和意识……"这是公司总经理对他的评价。

在一定意义上,成人之美就是成己之美。纵然有些人犯了错,我们也不要嫌弃,应给人提供改过的宽松条件,原谅别人的过失,帮助别人改正错误。正所谓与人方便,自己方便,这种付出与关爱最终会获得相应的回报,就像故事中的吴建华一般。

一个篱笆三个桩,一个好汉三个帮。在这样一个强调团队精神的时代,同在一个办公室里工作,为了一个共同的目标,感受同一种压力,其实我们谁也不能离开别人的配合、支持与帮助。拿销售人员来说,虽说是一个人在外面推销产品,其实背后有一个庞大的团队在帮助他支持他:研发人员、生产人员、技术服务人员……只有拿出合格的产品、质量过硬的产品,销售人员才能把业绩做得很好。而反过来,研发人员在实验室工作,他们不直接接触客户,跟市场有一定距离,因此也不了解社会上的需要。但业务员却是面向一线的,他们最了解市场需要什么,他们把信息反馈回来,就能促进技术的提升和新产品的研发。

古人云:将欲取之,必先予之。这句话道出了人生的真谛。我们要想摘取树上的果实,就必须先要给树浇水、施肥;我们要想在工作上干出成绩,就必须先要付出心血和汗水;我们要想得到别人的帮助,就必须先要去帮助别人。

很多年以前,有两个穷小伙在斯坦福大学半工半读,非常困难。这时候,大钢琴家伊格纳西·帕德鲁斯基请他们帮忙举办了一场独奏音乐会,并将音乐会所得的1600美元全部作为酬金给了他们。第一次世界大战结束后,帕德鲁斯基担任了波

第六章 泛爱众：心存善良，厚道宽容

兰总理。当他为成千上万的饥民四处奔波时，只有一个人，即美国食品与救济署署长郝伯特·胡佛在第一时间伸出援助之手。一吨吨食品运到了波兰，救了饥民。后来，帕德鲁斯基总理在巴黎见到了胡佛，向他表示感谢。胡佛回答说："不用谢，完全不用。帕德鲁斯基先生，有件事您可能忘了，早先有两个穷大学生很困难，但您帮助了他们。其中一个，就是我。"

只有施助，才会得助；只有相互帮助，相互忍让，各自才能更好地生存。帕德鲁斯基在胡佛穷困潦倒的时候帮助了他，同时他也因此获得了更大的帮助。这就是乐于助人的力量。

乐于助人、成人之美不仅是《弟子规》思想内涵的重要传达内容，同时也是立足职场的重要处事方法。在职场工作过程中，职场人要将助人的精神内化于心，并付诸实际的工作之中，职场工作中，要坚持为人处世的基本原则不动摇，乐于助人，并学会成人之美，因为成人之美也是成自己之美。

以舍为得，广结善缘

"舍得"一词最早出自明代的《了凡四训》，主要谈的就是人生的成败与取舍的关系，认为人在世上活着也就是一舍一得的过程。但人生究竟是该舍还是该得？我们天天都面临"舍得"的两难决定。"不舍不得，小舍小得，大舍大得"的意义，人所共知。但是知易行难，"舍"的不菲成本和"得"的不一定性，使很多人选择了索取而非供给、悭吝而非大器、保护而非涉险。但在很多时候，恰恰是那些敢舍的人，得到了别人得不到的东西。

拉斯顿是美国《时代周刊》选出的2003年第一季度最出色的人物。拉斯顿热爱登山,在科罗拉多州55座海拔超过4300米的高峰中,拉斯顿已爬过其中的49座。

2003年4月26日,27岁的拉斯顿一个人来到犹他州蓝约翰峡谷登山。拉斯顿在攀过一道3英尺宽的狭缝时,一块巨大的石头挡住了去路。拉斯顿试图将这块巨石推开,巨石摇晃了一下,猛地向下一滑,将拉斯顿的右手和前臂压在了旁边的石壁上。

忍着钻心的剧痛,拉斯顿使劲用左手推巨石,希望能将手臂抽出来,然而石头仿佛生了根一般纹丝不动。在做了无数次努力之后,精疲力竭的拉斯顿终于明白,单凭自己一个人的力量绝不可能推动巨石,只能保存精力等待救援了。

然而,在接下来的几天里,别说是人,就连鸟也没飞过一只,他就这样吊在悬崖上。没有食物,拉斯顿每天只能喝水,3天后,壶中的最后一滴水也被他喝光了。这时,饥肠辘辘、浑身无力的拉斯顿明白,他所在的地方太过偏僻,即使有人为他的失踪而报警,救援人员也不可能找到这个地方,再等下去只能是死路一条,想活命的话只能靠自己了。然而,要想把自己从巨石下解放出来,唯一的办法就是断臂。于是,拉斯顿先折断了前臂的桡骨,几分钟后又折断了尺骨……

由于大量失血,拉斯顿近乎昏厥,然而他仍坚持着从身旁的急救箱中取出杀菌膏、绷带等物,给自己被切断的右臂做紧急止血处理。最后,他跌跌撞撞走了大约7英里后,被两名旅游者发现,送到最近的医院。

事实上,在拉斯顿失踪4天之后,他所在的登山车公司的老板便向警方报了警，警方的直升机也在附近进行了搜寻，但警方从空中根本不可能发现他被困的地方。他能活下来，完全是因为他有强烈的求生欲望。拉斯顿断臂求生的故事让许多美国人既敬佩又震惊。

拉斯顿的勇敢让人钦佩，但他敢于"舍"的精神更值得我们借鉴。佛家说，有舍才有得，大舍大得，小舍小得，不舍不得，在拉斯顿这里，这句哲理满满的禅语也得到了最好的诠释。

舍不得吃亏，也就得不了福气。老话常说"吃亏是福"。但很多人恰恰总是舍不得吃亏，不愿意吃亏，生怕吃亏。随时都怕吃亏，都不愿遇事吃亏，包括很小的事，若遇到吃亏之事，都唯恐避之不及，哪还肯主动去吃亏呢？吃亏是福，舍一点看似是吃了亏，实际上福在后面。这才是老话所说的"吃亏是福"的真谛。懂得这一点，才乐意去吃亏。

> 有个砂石场老板，没有文化，也没有背景，但生意却出奇得好，而且历经多年，长盛不衰。说起来他的秘诀也很简单，就是与每个合作者分利的时候，他都只拿小头，把大头让给对方。如此一来，凡是与他合作过一次的人，都愿意与他继续合作，而且还会介绍一些朋友，再扩大到朋友的朋友，也都成了他的客户。人人都说他好，因为他只拿小头，但所有人的小头集中起来，就成了最大的大头，他才是真正的赢家。

吃亏是福，因为人都有趋利的本性，你吃点亏，让别人得利，就能最大限度调动别人的积极性，使你的事业兴旺发达。

吃亏，虽然意味着舍弃与牺牲，但不失为一种胸怀、一种品质、一种风度。舍得吃亏的人，总是把别人往好处想，在其内心深处，是

一个豁达、淡泊、宽容的世界。舍得吃亏的人,不但不会真的吃亏,还会换来"桃李不言,下自成蹊"的结果,会生活在轻松、自在、愉快之中。你吃亏、退步,眼前你是输了,但是最后的胜利,最后的安乐还是你的,这种巨大利益你不要?你要恭送他人?请学一分"傻",培三分"德"!那你就是胜利者、大赢家。

现今社会是一个科技发达、物质丰富、充满竞争的社会,我们心中的欲望,常被挑逗得像是看见红色斗篷的斗牛。太多的时候,我们会被世上的名利、金钱、物质迷惑,心中只想得到,而不想舍弃,更舍不得放下。于是,心中就充满了矛盾、忧愁、不安,心灵上就会承受很大的压力,以至于生活和工作都十分累。

但实际上,人生原本就是一个不断放弃的过程,放弃就是接受变化,放弃就是适应新的事物。人生如此,工作也如此。工作中,我们常常能看见一些人容易在具体的问题上钻牛角尖,为点滴小利宁死不让。他们不愿意放弃自己的观念,不愿意放弃自己的权力,不愿意放弃自己的利益等等,但是没有一个人能在一件事或一个位子上干一辈子的。如果执意追求,自不量力,只能落得两头空。反倒是懂得舍弃之道的人,获得更多。

小刘大学毕业后便进入北京的一家企业工作。有一天,老板发现他脸色恍惚,通过询问知道原来是在武汉居住的母亲生病住院,于是给小刘安排了假期以方便他回去照顾母亲,同时又安排下属职员为小刘的母亲送去了鲜花和慰问品。小刘心怀感激,并暗自下定决心,要好好工作,以更好的业绩回报老板、回报企业。六年后,其他优秀公司向小刘抛出橄榄枝,面对更好的工作待遇,小刘陷入了思考。而该企业老板听说后,

第六章 泛爱众：心存善良，厚道宽容

找到小刘，告诉他自己会尊重他的选择，如果确定要走，企业也会为他专门安排欢送会。本来面对选择迷茫的小刘，此刻却非常明确自己的内心：他要留下来，因为舍不得离开。

由此可见，企业的"舍得"，换来了雇员的"不舍得"。取舍之道不仅是做人的真理，更是职场生存之道。在人生的旅途中，总会遇见各式各样的坎坷，所以在职场上取舍之道非常重要。一份工作，什么时候该接受，什么时候该放弃，是要掌握火候的，这个火候包括行业、企业、职位是否合适你。成功的跳槽定义为进一步接近真正适合你的工作。如果这次机会让你离自己的目标和价值更近了，那么接受它就是一个正确的决定。但是在做出如此重要的决定之前，需要花时间仔细地权衡这份工作，评价它是否符合你的职业计划，是否更适合你的生活方式，还是必要经过的阶段。

身处职场，高层管理职场人也须心存"舍得"：舍得以"空杯"心态融入新位置、舍得时时向人展示真诚的笑脸、舍得为达成一致指标而不厌其烦地上下联系、舍得无所保存地带出一支素质良好的队伍、舍得为顾全大局而放弃小我、舍得付出更多的刻苦努力、舍得经受住各式诱惑……当大家能一一做到上面各项时，企业面貌便会焕然一新。

著名作家贾平凹也曾说过："会活的人，或者说取得成功的人，其实懂得了两个字：舍得。不舍不得，小舍小得，大舍大得。"在职场中，人舍墨守成规，得别具一格；舍人云亦云，得独辟蹊径。只有懂得了舍得的人生大智慧，才能够将自己的人生经营得有声有色，拥有成功而幸福的生活，从而活得精彩，活得快乐。正如泰戈尔说的，当鸟翼系上了黄金，就再也飞不远了。从某种意义上讲，人生是愈得愈少，愈舍愈多。

早在1998年，任正非就提出："后勤工作将逐步走向社会

化、减少公司管理的压力。"后勤工作包括员工的吃、住、培训等相关领域。在后勤方面，华为将安全保卫业务外包给了香港著名的物业管理公司戴德梁行，将膳食服务等外包给了其他几家香港的专业服务公司。到 2000 年，华为逐步将员工的吃、住、行全部包给社会机构，2003 年春节，华为又启动了培训外包计划，开始逐步将一些非核心技术的培训委托给社会上的一些专业机构。据称，华为每年需要为包括客户和合作单位在内的 4000 人培训，每个人的培训费用，加上交通费、住宿费，平均要 1 万元左右，每年，华为无论是为培训出动的人力，还是培训经费，都是一个相当大的数字，这给负责培训的部门造成很大的压力。通过外包，华为培训部门从巨大的压力中解放出来，费用得到了很大的节约，人力得到了充分的利用。

舍，需要智慧和远见。该得时你便得，该舍时你要果断地放弃。有时你以为舍去了不少东西，却有可能因此而获得了更多的东西。可见，只有舍去，才能得到。

在舍与得之间，不少职场人更喜欢得，他们一味地追求着荣誉、利益、地位和名气，但却忽略了与"得"唇齿相依的"舍"。职场人应该时刻明白的是，舍也是一种得，以舍为得，广结善缘，是有一种"大舍"的气度，是在职场中得到更多回报的法宝。在职场中，只有懂得舍得的人生智慧，职场员工才能在激烈的职场竞争中获得更多职业成长和发展，获得事业上的成功。

第六章　泛爱众：心存善良，厚道宽容

 己所不欲，勿施于人

《弟子规》"将加人，先问己，己不欲，即速已"，与孔子关于"己所不欲，勿施于人"的思想如出一辙，孔子认为，真正的仁爱，就是"己所不欲，勿施于人"。对于为政者，孔子反对"居上不宽"，要求对下级"赦小过"。上级要根据制度规定的职责规范安排下属，不要逾越，为政者使用民力时，应像祭祀天地祖宗那样慎重、虔诚，都是对为政者行恕道的基本要求。对一般人而言，要求"躬身自厚而薄责于人"，即多自责，少责人，以及贵人而贱己，先人而后己的理念，都是"仁爱之心"的体现。

这样的人，心中有爱，即便不能成全别人，起码遇事不会给他人下套子，自己不愿意干的事，不会推到别人头上，把麻烦和痛苦转嫁到别人头上，而会在替自己打算的时候，也设身身处地为别人想一下。能够做到这一点，并且能够坚持，就可以算得上心里有仁义了，能让自己在任何人面前都问心无愧，活得光明正大，活得舒适自然。

"己所不欲，勿施于人"是儒家思想的精华，也是中华民族根深蒂固的信条，无论是在处理人际关系，还是政治关系方面都应当毫不犹豫地认识到"己所不欲，勿施于人"这条经久不衰的人际关系原则的重要性。泛爱众，更要有这样的爱心，以这样的态度对待他人。

战国时，梁国与楚国毗邻，两国在边境上各设界亭，亭卒在各自的地界内种了西瓜，梁亭的亭卒勤锄草，勤浇水，瓜秧长势很好；楚亭的亭卒懒惰，瓜秧又细又弱，楚人出于嫉妒，把梁亭的瓜秧全部扯断，梁人发现后气愤难平，报告县令宋就，并准备把楚国的瓜秧扯断。宋就说："楚人这样很卑鄙。可是我们明明不愿他们扯断我们的瓜秧，为什么要反过来扯断人家的瓜秧？别人不对，我们再跟着学，那就太狭隘了，从今天起，你们每天晚上偷偷给他们的瓜秧浇水，让他们的瓜秧长得好。"亭卒觉得宋就的话有道理，就照办了。楚人发现每天瓜地都被浇过，而且是梁人悄悄为他们浇的。楚国的边县县令听到亭卒的报告后，既感到惭愧又非常敬佩，把这件事上报给楚王。楚王听后，深为梁国修睦边邻的诚心所感动，特备重礼送给梁国，以示自责，表示酬谢。结果，原本敌对的两国成为友好邻邦。

"己所不欲，勿施于人"，就是说做任何事，都要推己及人，将心比心，不要强人所难，更不要给别人造成伤害。用现如今的话说，就是要学会宽容，学会换位思考，善于站在别人的立场上为他人着想。对于职场员工来说更需要时刻谨记这个教诲训示，并以此指导和规范自己在职场工作中的言行。

己所不欲，勿施于人，是一种高尚的人格修养，也是一种移情能力的表现。

在职场中，每个人应当以对待自身的行为为参照物来对待他人。倘若自己所不想做的工作任务，硬推给他人，不仅会破坏与他人的人际交往关系，也会将事情弄得僵持而不可收拾。职场工作中，人与人之间的交往确实应该坚持"己所不欲，勿施于人"这种原则，这是尊重他人、平等待人的重要体现。职场也是一个社会，职场中每个人除了关注自身需求和利益以外，还得适当地关注他人的需求和利益，人与人之间是平等的，切勿将己所不欲施于人。

己所不欲，勿施于人，更要推己及人，将心比心，用自己的心思去推测别人的心思,设身处地替别人着想。不论在工作还是生活中,我们都应以爱己之心来对待周围的人,无论做怎么事,都要以自己的感受,去体会别人的感受,以自己的处境,去想象别人的处境,而不用管对方是什么人。这才是"泛爱"的真谛。

> 一次,老王去一家超市,走在前面的一位女孩推开沉重的大门,一直等到他进去后才松开了扶门的手。他向这位女孩表示感谢。女孩笑着说:"先生,我的父亲和您的年纪差不多,可是我不经常在他身边,他有时需要别人的帮助。我只是希望他在需要别人的时候,也有人能够向他伸出热情的手。"听了这话,老王的心里暖融融的。

经常将自己放在对方的位置上考虑问题,将心比心,把别人当作自己来对待,设身处地为对方着想,你会发现很多问题都很容易迎刃而解。你不喜欢别人伤害你的自尊心,你就不要伤害别人的自尊心;你不喜欢别人欺负你,你就不要欺负别人;你不愿意有声音干扰你的读书学习,别人读书写字时,你的动作就要放轻……如果你凡事都能够从别人的角度着想,你就不难找到处理问题的方法,一个通情达理的员工,更容易得到别人的理解,从而在职场上顺风顺水,一路平坦。

⑦ 己立立人,己达达人

中国儒家所推崇的"仁",主要是指一种心理情感和精神境界。古人对仁的应用,都是由自己出发,推己及人,想自己利益的时候,也替别人的利益着想,进而扩而充之,想到天下人的利益。这也是《弟子规》中泛爱众的思想精华之一。

《论语·雍也》载:子贡曰:"如有博施于民而能济众,何如?可谓仁乎?"子曰:"何事于仁,必也圣乎!尧舜其犹病诸!夫仁者,己欲立而立人,己欲达而达人。能近取譬,可谓仁之方也已。"

子贡善于言谈,是孔子最聪明的学生之一。一次,他问孔子:"如果有人广泛照顾人民并能够济助众人,这样如何?可以称得上是仁吗?"孔子一听,说:"这样何止是仁啊,一定要说的话,可以称得上是圣了。即使尧舜也难以做到啊!所谓仁者,是自己想立足时也帮助别人立足,自己想发达时也帮助他人发达。能够根据自身的情况去设想他人,就可以说是行仁的方法了。"

这就是孔子所说的:"己欲立而立人,己欲达而达人"。如果说"爱人"是仁的基本概念,那么,"己欲立而立人,己欲达而达人"就是"爱人"的行动指南。当你希望成功时,也帮助他人成功;当你希望发展时,也促进他人的发展。

历览古今中外,先成就他人,而后自己成就一番事业的范例颇多。

汉代刘邦一介布衣,却创立了汉王朝,他成功的奥秘在于放手让身边的人各尽其才:会带兵的韩信,放手给兵;善于谋的张良,放手给权;会管账的萧何,放手给钱。刘邦在成就他人的同时,也奠定了自己的基业。

西门子公司是最早实行员工持股制的大公司之一,长期坚持向本公司员工以优惠价提供优惠股份,一定程度上实现了

第六章 泛爱众：心存善良，厚道宽容

"员工就是老板"的目标，从而使员工与公司形成一个发展整体，成为企业界"己欲立而立人"的典范。

"己欲立而立人，己欲达而达人"，是人对人的一种心理体验过程，它客观上要求我们将自己的内心世界与对方联系起来，站在对方的立场上体验和思考问题，从而与对方在情感上得到沟通，为增进理解奠定基础。实质就是设身处地为他人着想，即想人所想，帮人之难。这是一种高尚的仁爱思想，这是一种把自己和他人放在同等的位置上考量的大公无私的思想，这更是一种当仁不让的勇敢精神。这与《弟子规》中的泛爱众思想不谋而合。

阿里巴巴现在已经成为电商巨头，这是谁都无法否认的事实。而随着阿里的崛起，不仅仅马云一跃而成为超级富翁，更多跟随马云创业的阿里巴巴员工也同样在一夜之间跻身富豪之列。

马云是个有梦想更敢于坚持梦想的人。2014年阿里巴巴美国上市时他说："15年前，我告诉我的团队。如果我可以成功，80%的中国人可以成功，80%的全球年轻人也都可以成功。"而现在，他的团队、他的员工、他的"十八罗汉"，都成功了。

马云在任何时候都不是想到自己一个人，而是很多人。就像在2014年纽约上市时选择敲钟人一样，马云并没有自己亲自敲钟，而是把这样的机会留给了公司的基层员工。和其他公司选择创始人或是创业团队或是家人不同，马云选的敲钟人是阿里生态系统里的8位角色，包括有曾是奥运冠军的淘宝店主、云客服90后大学生、农民店主王志强、以电商带动青川震后恢复的海归创业者、拥有淘宝博物馆的十年用户、边送快

递边为贫困地区收集旧衣服的快递员、通过天猫将车厘子卖到中国的美国农场主。这充分显示了马云"己欲立而立人,己欲达而达人"的仁爱情怀。

也许正是这样的情怀成就了马云,也成就了阿里巴巴。2014年纽约上市时,阿里巴巴的开盘价为92.7美元,相较68美元的发行价上涨了36.32%,总市值达到2285亿美元,富可匹敌100多个国家的GDP。开盘时间也创下纽交所最晚纪录。仅次于苹果、谷歌和微软,成为全球第四大高科技公司和全球第二大互联网公司。顺利超越Facebook、IBM、甲骨文、英特尔、亚马逊等美国一系列传奇的高科技巨头。

"己欲立而立人,己欲达而达人",心中有这样的仁爱之心,就能在自己努力争取成功的同时,也促进和帮助他人成功,推己及人,成人之美,与大家共同成长,一起成功。这正是职场上最需要的精神。

在实际工作中,换位思考对一个有职业道德的企业员工来说是必备的。在实际工作中,特别是在生产管理中,我们常常会遇到很多问题和矛盾,如绩效考核、违章考核。有些职场工作者只会抱怨、指责他人的错误。其实我们应换位思考一下,多从自身找原因,怨气也就消了,矛盾也就迎刃而解。因此,只有"易地以处,平心而度之",在问题出现的时候,多想想别人的感受,多问问别人的需要,多从服务的角度出发,像优秀企业对待顾客那样,问题也许就要少得多,我们的烦恼也会少得多,轻松自然得多,才能妥善地面对和处理生活、工作中出现的问题。

"己欲立而立人,己欲达而达人",看似非常简单,然而在实际生活和工作中却很难做到。那么,如何才能做到己欲立而立人,己欲达而达人呢?首先,要有一个宽广的胸怀,要时刻把他人放在心中;其次,要从自己入手,你必须要有这个能力做对别人有益的事,而不做对别人有害的事；再次，要建立共同的愿景，我想要的让你也要，我想建立的让你也建立，前提是有共同的欲求，共同的爱好，共同的追求；最后，追求的必须是正确的。正确的目标，正确的方法，根据自己的能力而定，从自身出发，才能够做到"达人"的目的。当我们在争取成功的时候，同时也促进和帮助他人获得成功，这就是仁爱的体现，就是泛爱的行动。

第七章
亲仁：亲贤远小，维护正义

"亲仁"是指亲近仁者，然后以师事之，只有这样才能不断提升自己的道德水准、知识水平和人生境界。告诉大家什么样的朋友值得结交、什么样的老师值得亲近。将其内涵意义延伸到职场上，也同样适用。"近朱者赤，近墨者黑"，亲近有才能的贤人，疏远阿谀奉承的小人。

处世端方,为人正直

《弟子规》中写道,"同是人,类不齐,流俗众,仁者希""果仁者,人多畏,言不讳,色不媚",强调为人处世要端方,做人要正直。正则"品"端,直则"人"立。处世端方、为人正直主要指待人接物作风正派、坦诚直率。它是一种高尚、高洁的操守,不为金钱、名利、淫威、权势所左右,历来为人们所称颂和学习。

海瑞(1514—1587),明代著名清官,举人出身,41岁入仕,初任福建南平县教谕(正八品,近似县教育局局长),45岁时升任浙江淳安知县(正七品),最后官至南京右都御史(正二品,近似今监察部部长)。这位在历史上以敢于上疏骂皇帝而著称的大臣,也是一位享誉古今的大清官。

海瑞为官,始终坚持最高的廉洁标准,除了领取政府下发的俸禄外,他绝不接受哪怕一分一毫的"灰色收入"。明朝官员的俸禄,是历代王朝中最低的。海瑞任淳安知县时,每年的实际收入仅为12石大米,27.49两银子,360贯钞。依购买力计算,他的月薪大致相当今天的一千多元。海瑞上有老、下有小,一家全靠这么点收入,生活水平跟今天的低保户差不多。尽管收入低到难以解决全家的吃饭问题,但海瑞依然毫无怨言地接受,完全靠工资安排生活。身为知县,他亲率仆从在后衙种蔬菜自给,当然吃不起肉。有一次海瑞为母亲过生日,买了二斤肉,这居然成了新闻,传到了总督(近似省委书记兼军

第七章 亲仁：亲贤远小，维护正义

区司令）胡宗宪耳朵里，胡总督竟以传播消息的口吻说："听说海知县给老母过生日，买了二斤肉！"

海瑞最后死于南京右都御史的任上。这位二品大员去世之后，仅余白银20两，连丧葬费都不够。他的好友王用汲去看他，只见布衣陋室，葛帷（用葛藤织的帷布，比麻布还差）还是破的，连个穷书生的境况都不如，感动得直流眼泪，并为他凑丧葬费。

海瑞为人大公无私，总是先为别人着想，而不顾自己的安危，把人民和国家的利益总放在首位，不收取一丝在自己应得以外的东西，就连快去世时欠哪家几根柴火都记得，还嘱咐家人要替他还清。海瑞一生为人正直无私，端方处世，即使身处困境依然坚持自己的正直、端方的处世原则不动摇，他的清廉伴随了他的一生。

正直是道德之本，是做人之本，是人格的核心。只有每个人时常以身作则，严于律己，宽以待人，人与人之间才可以和睦相处才能公而忘私。正直，是中华民族的传统美德，是做人与处世最珍贵、最基本的品格。做人最基本的一条就是正直，敢于坚持真理，不畏强暴，敢于说真话，做实事。对于任何事物，都要坚持原则，不能随波逐流，更不能趋炎附势。正直是最美好的品质之花。因为端方正直的人，才能嫉恶如仇，不屈于权势，不畏于时局，而只按照正确的准则来行事，事情当然是可以做好的。正直是一切立身处世的基石，做好一切工作的前提。司法者，有了正直，法律的天平在他们的手中才不会倾斜，因为正直，他们多了一身正气，两袖清风；为官者，有了正直，他们才能不为各种"说情"所动，才敢于秉公为民，激浊扬清……就算是一位普通不过的员工，正直的人格也会让他坦荡从容，一帆风顺。

上海一家有名的外资宾馆招聘部门经理，应聘者众多，最后筛选下十人由总裁面试而定。小秦忐忑不安地走进考场，还未坐定，总裁一脸惊喜地奔来拥抱，"我可找到你了！"总裁转身对秘书说："多亏这位年轻人上周在公园湖里救了我女儿，他不留姓名就走了，真巧在这里碰上了。"小秦顿时浑身发热，他已经感到了命运女神的微笑，但是心底的另一种声音在坚忍地提醒他。他平静下来，诚实比录取与否更重要。"不，先生，您认错人了。""认错了？不，不，我记得那年轻人脸上也有这一颗痣的。"小秦更坦然起来，"是认错了，先生，上周我未去过公园。"

两天后，小秦去宾馆任了职，十人中被录取的只有三人。休息时，小秦问总裁秘书："总裁女儿的救命恩人找到了吧？"秘书大笑起来："什么呀，总裁根本没有女儿。"

在职场中，保持正直做人的人生态度具有极其重要的意义。人在职场，更要有一份正直的境界，才能让自己不低俗，不同流合污，不随波逐流，而有自己坚守的信念和准则，才能使职业常青，永远受人信任。

正直是一种崇高的境界，是一个做人的基本准则，可以让人在生活中变得正直与出色。儒学中关于正直为人的论述也是极为丰富的。"富贵不能淫，贫贱不能移，威武不能屈"，这是孟子笔下的正直人生。"粉身碎骨全不怕，要留清白在人间"，这是于谦的千古绝唱锻造出的铁骨铮铮的正直。正直是一种风骨，如同山中劲竹，冬里腊梅，于风急雪大处方显出风标高峻。不能想象一棵歪扭斜长的树派上大用场。天和地之间的各种诱惑太多了，四方风雨太多了，站直了委实不易，此乃生活，偏要努力站直了，乃是生活的诗。

职场中，正直为人就是要不畏强势，敢作敢为，不偏不斜，不弯不媚，坚守正道，勇担责任，坚持自己的信念和原则。这包括有能力去坚持你认为是正确的东西，在需要的时候义无反顾，并能公开反对你坚信是错误的东西。处世端方，为人正直的职场人是工作认真、办事规矩、作风严谨、心地光明的人。这类人坦荡如砥，处世端方，无私无畏，一身正气，不媚不谄，终会赢得同事的尊重和信赖，上司老板的器重。

那么职场人如何在激烈的职场竞争中，保持端方处世、正直为人的人生态度呢？第一，身处职场要言真。即职场工作中要讲真话，一是一，二是二，不夸大，不缩小，不编造；不人云亦云，不看风使舵；不弄虚作假，不欺上瞒下；心口不二，表里如一。第二，身处职场要心正。职场工作中为上司、老板或同事出主意、想问题，都要时刻坚持公平、公正、公道的态度；心思用在多数、长远和大局上，不为个人、眼前和局部所累；职场人际交往中，要多想想别人长处，成人之美，不盯别人短处。在某种意义上，"正"与"诚"相通，所以职场中待人要心诚意真，不虚伪，不掩饰，不装模作样。第三，身处职场要行端。处理职场工作，要讲原则、讲政策、讲法纪；工作中要保持作风严谨，做事踏实，行为磊落。职场人际交往中不要拨弄是非，不要投机钻营，而要真诚待人。

正直，是人的一种生存态势，就像是一块纯净而又有棱角的玻璃，不管放在哪儿都是洁净、透明的。社会也好，职场也罢，终究是讲究协调的，正直也要讲方法、讲场合、讲技巧。常言道，"树过直易折，人过直则多磨难"，正直很重要，但绝不是凡事不会拐弯、一律直来直去就是正直。真正的正直，是一种内涵丰富的修养，一种不屈从、不谄媚、不流俗、不褊狭的风骨，但同时也是一种理解他人、宽容他人的技巧。

学好《弟子规》 提升职业素养

② 不谄不媚，不卑不亢

正直就是不谄媚、不屈从，不刻意讨好，也不自负傲气。《弟子规》里说"言不讳，色不媚"，就是指的这一点，强调在人与人相处交往活动中要保持不谄不媚、不卑不亢的态度。

谄媚之人历来为君子所不齿，我们从那些讥讽谄媚的词语中就能看出这一点。"拍马屁""马屁精""吹吹拍拍""吹牛拍马""溜须拍马""奴颜婢膝""奴颜媚骨""卑躬屈膝""百般奉承""曲意逢迎""俯首贴耳""趋炎附势""攀龙附凤""媚外求荣""谄上欺下""谄谀取容"……都是对谄媚之态的鄙视和轻贱。对谄媚之人，更为不齿。溜须拍马的故事就表明了这一点：

"溜须"，据传是宋真宗时，有位大臣叫丁渭，善于察言观色，逢迎献媚，颇得皇帝赏识，于是被封为副宰相。当时的宰相是寇准，当然高丁渭一个官阶，丁渭就将献媚之功对寇准施展。有一次，二人在一次吃饭时，寇准的胡须上沾了一些饭粒，丁渭赶忙卑恭地凑上前去，伸出手轻轻地为寇准溜胡须，还肉麻地大赞寇准的胡须多么漂亮，寇准大笑道："怎么？难道世间还有替人溜须的宰相吗？"自此，丁渭成了中国历史上，有名的溜须宰相。"溜须"一词就有了献媚新意。

"拍马"原来是北方少数民族的一种礼节。他们在路上相遇时，便下马闲谈，互相拍拍马的屁股，说一句"马养得真壮实啊"，仅此而已。类似朋友见面拍下肩膀，握手寒暄。后

第七章 亲仁：亲贤远小，维护正义

来演变成"拍马"说奉承恭维话。显赫们骑在马上，奴才替主子拍马，尽显出服侍周到的献媚本色，与"溜须"有异曲同工之效，这才合成了"溜须拍马"一词。

但这个词实不是好词，但凡有人说起，总是一副鄙视的口气，不齿的样子。对于谄媚之人，即便当时享受了他谄媚的乐趣，过后也绝不会信任这样的人的。因为这样的人没有一种正直的风骨，永远只会对权贵谄媚，不会对落魄之人好脸色；"墙头草"一般，说倒就倒，只看风向，从无定力。

晋国有一名卿相名叫中行文子，因为与范氏一起叛乱，被晋君击败，逃亡到了边境。跟随他的人说："在这里担任管理田地官员的人，是您当初手下的人，我们为什么不在这里休息一下呢？这样我们也可能等待后面的车子过来。"

文子说："当初，我喜欢音乐，这个人就赠送我一张琴；当初，我喜欢佩饰，这个人又赠送给我一块玉。可见，这个人是巴结讨好我的人，不会指斥我的过错，只想被我容纳。"

随从的人说："那有什么关系呢？"

文子说："恐怕我要是住下来找他，他可不会容我了。"

于是，文子没有去找那个管理田地的人。等到后面的车子赶来之后，文子打听到管理田地的人住在何处，抓获并杀掉了他。

孔子听说此事之后说："中行文子背弃道义，因而失去了封地，然而在失去封地之后，却认识到了自己的错误，这样还能够使自己存活下来，可见，道义是不能放弃的。"（《说苑·权谋》）

谄媚是小人邀功请赏的重要手段，因赢得上级尤其是对自己至关重要人物的关心，对自己的发展和腾达会很有帮助，故谄媚自古以来就横行天下，任何一个时代都不缺乏使用者。在社交的场合之中，谄媚无时不有，无处不在，这主要是源于人民听取吹捧时受用的心理，尤其是歌功颂德、报喜不报忧的言语，更是让人心花怒放。在职场上，我们常常会看到这样的现象：有些人工作勤勤恳恳的，但不太会说话，有升职加薪的机会却总是沾不上，但有一些人做事不努力，能力也不行，但会拍上司的马屁，谄媚迎合领导的喜好。这样的人反而得到升职加薪的机会。

颂扬是现代职场必备的职业素养，现代社会需要正当的颂扬，它是人际交往中最佳的交流沟通方式。但是仍需要慎重的运用。英国学者毛姆说："谄媚是为谋自己利益，所做的行为完全是不择善恶的。"没有原则胡乱吹捧别人的行为是谄媚的行为，是不可取的。在职场中，人要学会如何做事，也要学会如何做人，有些时候做人甚至比做事还要重要。想要融入到团队，获得别人的认可，这个时候就需要学会正当地颂扬，而不是谄媚、讨好。

值得注意的是，颂扬与谄媚是有区别的。首先，正当颂扬是有依据的，是讲道理的。所以正当颂扬不会是一味颂扬，因为没有一个人能够出凡入圣得从不犯错误。即使如此，一般人也为了避免谄媚之嫌，不轻易当面称颂别人，如果实在要说，也经常会加上一句"我不是当面拍你马屁"。人们尤其要避免容易被看做是拍马屁的颂扬，如对上级、地位较高的人、较富裕的人的颂扬。因而正常的颂扬包含了谨慎的态度，而谄媚则是颂扬无度的。其次，正当颂扬是对事而不对人，谄媚则是对人而不对事。颂扬是对做对了事的人的鼓励，而谄媚则不管被谄媚者做对了还是做错了。

不谄不媚，还要不卑不亢，才是心中存仁、正直端方的表现。美国的阿特金森曾经说过这样一句话："如果不能掌握自己的生活，就会被他人控制。"掌握自己的生活，就要做到不卑不亢，就是待人处事时的言行、态度要有分寸，既不卑屈，也不高傲。卑屈是谄媚或自卑的表现，高傲则是自大、自负的表现。显然这两种表现都不会受人欢迎。

不卑不亢就是没有高傲，没有自卑。没有高傲就是要刻意地去消除优越感，没有优越感就会平等尊重地对待其他人；没有自卑就是要刻意地丢掉自我轻视感，不看轻自己，抛弃低人一等的感觉，重视自己，没有自卑感就会让自己与他人在同样的平台上。这样的态度，才最有利于自我的发展，有利于保持正直、仁爱的品质。

要做到不卑不亢并不容易。一般说来，人们在与自己地位、才识相同的人交往时，大多都能从容以对，谈笑自若。交情浅的，见了面互相打个招呼，彬彬有礼，温文尔雅；交情深的，见了面你诙我一谐，我幽你一默。这时候，大家都能当得起"不卑不亢"的赞誉。可是，倘若换了与身份、地位不同的人交往，有些人便从容不起来，更自若不下去。那"卑"与"亢"，因为对方身份、地位的不同，明明白白地露于言行，写在脸上。人们都喜欢在彼此平等的状态下交往，倘若因为"卑"或"亢"，使人与人之间产生距离，甚至形成人际交往的鸿沟，你就很难成为一个有作为的人。无论面对什么人，无论他的身份或"高"或"低"，你一定要一视同仁，既不卑屈，也不高傲。这样的人在哪里都会受到别人的尊重。

燕子在一家规模很大的医药公司做销售。虽然年仅28岁，但工作起来兢兢业业，有条不紊，很得同事的敬重，就连顶头上司也对她偏爱有加。之所以能够如此，就因为燕子"不卑不亢"的交际手段。

燕子刚进公司时，就碰上了一个对公司来说相当重要的国外大客户。不过，由于双方文化背景、思维方式、运作方法的不同，谈判很快进入了僵局。燕子没有轻易放弃，她一遍又一遍地研究对方资料，总结对方公司的弱点，给谈判积累了很多有效信息。在谈判中，燕子更是不卑不亢。一方面，她一语言中对方软肋，挫挫对方的嚣张气势；另一方面，燕子用自己的专业和诚挚来感化对方，打了一巴掌赶紧给个"甜枣儿"。

令人意想不到的是，这个"危机重重"的项目竟然谈成了。

谈判成功后，顶头上司王强为燕子举办了庆功宴，燕子欣然接收。不过，打这以后，王强借口庆祝燕子的出色表现，常常请她吃饭、打保龄球，次数越多越让燕子觉得不对劲，连忙开口婉言拒绝。婉拒几次之后，这位上司知难而退，不仅没给燕子"好看"，反而对她更多了几分敬重。

工作中，我们应该学会服从上司安排，但也不是唯唯诺诺、一味应承。有时候，以诚相待，不卑不亢，反而可以让上司发现你的成熟稳重和个人尊严，让他对你产生敬重，更有助于抬高你在他心中的地位。所以，无论你身份、地位如何，一定要相信自己，只有这样别人才会相信你。只有你充满信心，在人际交往中才能够有礼有节，不献媚，才能够自尊自重，尊重别人，同时也获得别人的尊重。

亲近贤达，远离小人

"亲仁"，是《弟子规》的重要内容之一。"能亲仁，无限好，德日进，过日少。不亲仁，无限害，小人进，百事坏"，通俗的话来说，就是一个人如果心存仁念，亲近有仁爱之心的人，才能远离恶行，日日进德；一个人如果心无仁念，亲近不懂得仁之义理的小人，则会陷入泥

第七章 亲仁：亲贤远小，维护正义

沼，祸害无穷。可见亲近贤人、远离小人多么重要。总结《弟子规》"亲仁"篇的中心思想，可以概括为这样六个字：亲君子，远小人。这是历代贤人的经验总结，也是一个人成功的关键。

诸葛亮在《出师表》里就谆谆告诫后主刘禅：亲贤臣，远小人，此先汉所以兴隆也；亲小人，远贤臣，此后汉所以倾颓也。让后主一定要亲近贤臣，远离小人，励精图治，有所作为。同时，一一列出了哪些是该亲近的贤人，哪些是该远离的小人。

亲近有才能的贤人，疏远阿谀奉承的小人，这就是诸葛亮传给蜀后主安国兴邦的秘诀。

诸葛亮一片赤诚之心可鉴日月，可惜刘禅是个"扶不起的阿斗"，终究未能成大器。反倒是那些聪明的后代人主窥见了其中的秘密，领悟了其中的道理，成就了一番事业。

唐太宗李世民就是得窥诸葛秘诀并大胆实践的得益者。他敢于纳谏，得到魏徵、徐茂公、秦叔宝等一干贤臣良将的鼎力辅佐，开创了史称"贞观之治"的大唐盛世，是亲贤远佞的典范。在李世民的君主生涯里，敢于冒死直谏的魏徵经常提醒他要亲贤远佞，但谁是贤臣呢？他经常对身边的每一个人进行细致的观察和分析，像魏徵这等鞠躬尽瘁的，自然就是贤臣。那谁又是小人呢？平时虽有贤臣良将经常进言说身边某人是奸佞，须及早除掉，但又苦于没有证据，他无法确认。有一次，他带领身边的亲信到城里视察民情，走到一棵弯树下，他便对这棵弯树评论了一番：哎呀，这棵树怎么长得这么弯呢，真是百无一用。这时，身边的一名亲信连忙接过话题，也是把这棵弯树好好地评论了一番，他评论得比李世民更加的锐利，比入木三分还要入木三分。行罢，又遇见一棵高大笔直的树，李世民又故意地把这棵树评论一番。还是那位亲信抢先接过话题，也把这棵树好好地评论了一番，他评论得还是比李世民的要更加细腻，更加的入木三分。就这样，李世民马上证实了这位是很会讨好主子的奸佞，并果断地踢除了他。

贤达者君子，谄佞者小人。亲近贤达远比亲近小人要好得多，亲近小人只会给自己带来麻烦和危害。但君子也各形各色，有的是真正的君子，有的是假冒的君子、虚伪的君子，对此需要仔细辨别。真正的君子与小人的最大差别在于君子实行仁道，有仁爱之心，无害人之意。君子是各种各样丰富美德的化身和综合。廉贞故为君子，贪狠故为小人，苏轼在《醉白堂记》中说："古之君子，其处己也厚，其取名也廉。是以实浮于名，而世诵其美不厌。以孔子之圣，而自比于老彭，自同于丘明，自以为不如颜渊。后之君子，实则不至，而皆有侈心焉。"所谓贤达之人，可以总结一下他们的特点就是：为人正直，处世端方，心存仁爱，廉洁自律，大公无私，品行高洁，坚守原则，心有家国等。这样的人，就是值得我们亲近的人。

身处职场，我们要学会亲近贤达。面对贤能的人，我们不能试图通过权势、金钱、名位来取悦他，而是要以良好的品性、德行与之交往，就如荀子所云："君子易知，而难狎。"贤能的人虽然易于亲近，但是如果你的态度轻浮、邪佞，则难以令贤者看重你。所以在职场工作中，为亲近贤达，我们必须不断提升自己的修养品行。

人多的地方，是非就多。有是非的地方，必有小人。所以身处职场，我们还要学会远离小人。职场小人，主要是指职场中爱打小报告、

第七章 亲仁：亲贤远小，维护正义

散布传闻、损人利己、表面笑内里刀、得志便猖狂、贬低他人抬高自己的小人。在职场中无论一个人的言谈多么令你反感，也必须努力保持自己的良好交际形象和道德素养，以谦和的心态容纳他人，绝不要与职场小人纠缠。虽说在职场中"人不犯我，我不犯人"，但是有时在特殊的情况下，我们还是得学会如何去提防职场小人。若你总是疏于防范的话，那么最后受伤害的就会是自己。职场工作中为有效提防小人，要注意以下几点：第一，少说多做。有句话叫言多必失，很多人并不是工作能力差，坏事就坏在自己的嘴上，爱说话，而且负面情绪表露无遗，易招小人的告发。第二，工作要认真到位。工作做不好，这是自身的问题，如果其中出现了小小的纰漏，背后的小人便会以此大做文章。第三，职场交友要慎重。在深入了解的基础上交友，防止因竞争而被朋友利用。

老人常告诉我们："不是泥黄不烂路，不是亲的不害人"，在我们学习、生活和工作的圈子里、朋友之间、伙伴之间、搭档之间，同样有忠奸和贤佞的存在，这就需要我们擦亮双眼仔细辨别，从而采取有效的对策。

彭小姐刚到一个公司，与她岗位相似的一位同事喜欢拍上司马屁，而且做事很"讨巧"。上司在的时候表现得很勤快，然而背地里总是把该自己做的事交给彭小姐做。由于大家的工作职能相似，有些工作不好细分，可当出了什么差错，这位同事又会把责任推到别人身上。彭小姐很看不惯这位同事的行径，但由于新到这家公司，而且同事甚得上司欢心，和这样的同事共事，让她很烦恼。

其实像彭小姐同事这样的人，职场到处都有，还恰恰有很多是公司里的"红人"，虽然大家心中都对这样的人不齿，但又不得不佩服这样的人"有本事"。这是很多职场人都避不开的事实。其实我们要学会适应"职场小人"这种环境,再寻找合适的方法改善这种现象。在职场中,要做好自己,真诚地对待他人和工作,发展好的人缘,用自己的实际行动赢得各同事及老板的肯定,这时职场小人的雕虫小技自然奈何不了我们。

在职场工作中,亲近贤达、远离小人不仅有利于职场人提升自身的人格素养和职场竞争力,而且有助于营造和谐向上的职场文明氛围。广大职场人应该擦亮自己的双眸,学会辨别职场中的是是非非,学会提防和利用小人,变不利因素为有利因素,从而促进自己的职业发展进程,成就属于自己的事业。

保持自我,不同流俗

在这个世界上,我们每个人都是独一无二的。我就是我,我们无须按照别人的眼光和标准来评判甚至约束自己,我们无须总是效仿别人。保持自我的本色,做一个真正的自我,这是最重要的。所以,不管我们身份是卑微还是高贵,不管身处繁华闹市还是穷乡僻壤,既然作为社会的一员,我们就要明确自己在社会中的角色定位,在任何时候我们都应该保持自我本色,《弟子规》中,"同是人,类不齐,流俗众,仁者希"同样传达出为人处世要保持自我本性,不随波逐流,不同流俗的处世之道。

在现实职场生活中,很多职场人因为要保住自己的工作,塑造自己在别人心目中的美好印象而选择放弃自我,按照大众心目中的理想标准去努力、去改变自己,这种现象亟须引起我们的重视。

第七章 亲仁：亲贤远小，维护正义

孟子有一次同他的学生万章谈起：孔子很厌恶那些八面玲珑、惯会奉承讨好的人。这种人虽然在乡里被称作好人，但实际上是言行不符、伪善欺世的伪君子，是道德的破坏分子。万章问道："既然人们都称他们是好人，他们自己也处处表现出是个老好人，为什么孔子还要称之为道德败坏者呢？"孟子答道："这种人'同乎流俗，合乎污世'（对世俗的不合理现象只会附和），看似好人，实际根本不能起好的作用。"

职场中有些人擅长奉承讨好上司、老板、同事和客户，虽然他们表面上尽力表现出一副老好人的姿态，给人一种君子的错觉，但实际上却是言行不一、伪善欺世的伪君子。他们为了追求职场名利，放弃自我原则，抛弃自我本色，更将道德置之一旁，对职场中的不好现象也是置若罔闻，他们同乎流俗，看似好人，实为职场中的隐形杀手。

保持自我、不同流俗不仅可以提升职场人自身的人格素养和道德修养，赢得他人真诚的尊重和信赖，而且有助于提升自我价值，更有助于企业单位的成长和发展。现在的职场竞争越来越激烈，职场员工为了获取更多的薪水或者谋求更高的职位，一直背负着很大的压力，不敢松懈一步，生怕被他人超越，而且他们也渐渐注重打造职场人际交往关系。但是，他们却没有注意到职场人际关系中存在有很多灰色地带，有些职场人可谓是八面玲珑、谄媚奉承，他们在职场社会中拉帮结派，为了追求职场名利，不惜抛弃自我原则。戴尔·卡耐基也曾说过："求职者通常犯下的最大错误，就是不能秉持本色。他们总是揣测对方期望得到什么样的答案，而不是直截了当地讲出自己的想法。"一些职场人总是把求职谋生作为自己抛弃自我本真的推托之词，在职场工作和生活中虚假地面对他人，甚至自己，他们同乎流俗，合乎污世，对职场中的不合理现象只会随意附和，毫无原则而言。

保持自我、不同流俗是一种处世态度，更是一种行为。有句话说得好："态度决定一切。"良好的工作态度就是事业成功的奠基石，端正了工作态度，工作起来就会认真负责，兢兢业业，尽力把每件事都做到尽善尽美。在形形色色的职场环境中，职场人时时都面临着诸多诱惑，权重的地位是诱惑，利多的职业是诱惑，光环般的荣誉是诱惑……面对职场工作中这些不可避免的诱惑，我们需要勇于保持自我，坚守自我本色不动摇，这是每一位优秀职场人应该具备的职场处世态度。

我们不能否认职场中左右逢源的重要作用，但更重要的是职场人的实力，即品德和能力。如果可以在纷纭的职场中，依然保持自己的本色，不谄媚、不奉承、不巴结，不同流俗，坦坦荡荡做人、踏踏实实做事，我们的职业才能得到真正的成长和进步，我们的人生也才会更有价值和意义。

当今职场，是一个充满诱惑的社会，如果你抵挡不住诱惑，你就将会失去自我，同于流俗，成为诱惑的奴隶，甚至被诱惑淹没，被职场淹没；反之，如果你保持自我本色，坚守道德，不同流俗，你将穿越职场诱惑的迷雾走向更好的未来，终将收获属于自己的精彩。

 努力工作，力求圆满

亲仁，对于职场员工来说，不仅仅是亲近品行高洁的贤达之人，也要亲近本领高强的高能之人。在职场中，那些敢于拼搏，把工作做到最好的人，用自己的智慧和汗水奋发图强的人，就是现代职场里"仁德的人"，我们要多亲近他们，多向他们学习，从而让自己更加努力，把自己的工作做到最圆满。

第七章 亲仁：亲贤远小，维护正义

甲和乙是同一时间应聘进一家公司，他们有着相似的学历、年龄，也同样的努力工作。一段时间以后，甲已经升任部门负责人，乙期待有一天他也有这样的机遇。于是他更加努力，又过了一段时间，甲的职位又提升了，乙还是原地不动。这回乙想不明白了，他和甲各方面的水平差不多，为什么自己没有被提升呢？他带着疑问去请教公司领导，领导没有说什么，只是交代了乙去办一件事情，叫乙去看一看菜市场有没有卖土豆的，乙去了。

二十分钟后，乙回来，报告经理，菜市场只有一个老板在卖土豆。

经理问："土豆多少钱一斤？"

乙说没问，转身又回到了市场……

又过了二十分钟，乙回来报告经理，土豆一元钱一斤。

经理问："如果买一百斤以上是多少钱一斤？"

乙要回答出这个问题，只得再一次返回市场。

还是二十分钟，乙回来了，说买一百斤以上，八毛钱一斤就可以了。

经理又问："很好，那市场除了土豆还有些什么菜呢？"乙说："我再去看看……"

这时甲到经理的办公室送资料，经理当着乙的面对甲说，"去看一看菜市场有没有卖土豆的？"甲去了，经理邀请乙一起等着……二十分钟后，甲回来了对经理说："市场上只有一个老板在卖土豆，一元钱一斤。如果买得多，还可以便宜，最多便宜到八毛钱。前提条件必须购买一百斤以上，如果土豆不满意的话，市场上还有很多的蔬菜，黄瓜、白菜、西红柿、红薯……"

站在旁边的乙此时茅塞顿开，恍然大悟，看来仅仅是努力工作是完全不够的，用对方法也非常重要，而"多想几步，多看几步"就是一种很好的方法。乙相信，只要自己用心一点，一定可以发现更多的方法。从此，他不再苦恼，凭着踏实、认真的努力，聪明智慧的发挥，很快他也得到了来自上帝的"奖励"。

工作，其实就是解决问题、实现目标的过程。在这个过程中，选择好的方法至关重要。因为在正确的方法指导下，我们能以最少的时间、最少的资源达到目标。身处这样竞争激烈的职场中，每个人都很努力地工作，以期让自己在社会中获得最大的认同，实现自我价值的最大化。

对每一个职场人而言，能够努力工作，找到、找对方法已成为个人职业生涯中的一项最重要的技能。一旦方法对路，一个人的工作效率就会凸显出来，其工作能力也会得到大家的认同。纵观职场，许多职场人可能并不缺少工作的热情，工作绝对地努力、敬业，但其工作成效却差强人意，这样的情况并不少见。所以，我们需要记住：努力的工作是成功的前提，聪明的工作才是成功的关键。而聪明的工作就是找对方法的工作。

职场工作中，看一个人的工作是否优异，无外乎看此人的工作效率与办事效能。有效、恰当的方法是圆满完成工作任务的一个必要前提。可以说，没有方法，或是方法错误，都难以在工作上有所作为，难以成为企业中不可或缺的人才。身处职场，我们可以发现，有时自己努力工作并不一定可以换来升职和加薪，但是不努力工作却试图得到升职加薪的可能性为零。努力工作，不是每天只顾埋头苦干，这是一种片面的思想，比起努力工作，聪明工作才更有职场指导价值。聪明工作，不是投机取巧，而是通过思考、探索出努力工作的技巧方法，不断提高工作效率。

第七章　亲仁：亲贤远小，维护正义

一个人对待工作的心态，是积极的还是消极的，是上进的还是无所谓的，直接影响工作的好坏。工作，是一个人施展自己才能的舞台，无论做什么工作只要脚踏实地沉下心来做、用心去做，总会有收获，这是不变的真理。书中古罗马哲学家们早已给人类提供了最伟大的见解：没有卑微的工作，只有卑微的工作态度。而我们的工作态度完全取决于我们自己，我们能否取得成功则取决于我们的工作态度！它有助于我们解除困惑，调整心态，重燃工作激情，使人生从平庸走向杰出。

一要热爱工作，追求卓越。

一名优秀的员工，随时随地都具备热忱而且精神饱满，因为人的热情是成就一切的前提，事情的成功与否，往往是由做这事情的决心大小和热情的强弱而决定的。碰到问题如果有非成功不可的决心和热情，困难就会得到解决或者变小。这就要用一种不完成任务不放弃的心态对待工作，追求卓越，以最好的标准来要求自己。你要站在领导的角度换位思考一下，你月底领薪水就得给人家一个交待，这是最起码的职业道德和职业素质。再从自己的角度想一想，如果你想做一番事业，那就应该把眼下的工作当做自己的事业，应该有非做不可的使命感。所以说一个人的工作态度折射出他的人生态度，而人生的态度决定一个人一生的成就。

二要用心做事，力求卓越。

用心做事，就是指用负责务实的精神，去做每一天中的每一件事；用心做事，就是指不放过工作中每一个细节，并能主动地看透细节背后潜在的问题。所以，任何时候，只有用心，才能见微知著。不论做任何事情都要追求卓越。一个人的能力有大小之分，天分有高低之分，悟性有好坏之分，但它决定不了一个人的命运。最重要的是勤能补拙，一分耕耘一分收获。反之，再好的资质，不去磨炼也难成大器，即使小有成就也不会长久。因此，优秀员工一定是热爱工作，追求卓越，以积极的心态对待工作，对待学习，对待生活的员工。

三要把敬业当成一种习惯。

敬业，就是要敬重自己的工作，就是要在任何环境下，把敬业当成一种习惯。敬业与你从事的工作无关，不管你做什么工作，只要有敬业精神，你就更容易成功。大家能得到一份满意的工作或岗位，都不容易，所以必须要时刻保持高度的敬业精神。

四是绝不拖延。

世界上最不费力的事就是拖延时间，耗费宝贵的生命了。有人统计过，失败的数十种因素中，拖延位居前三名。在工作中拖延的代价你是无法承受的，记住，拖延和懒惰是兄弟，两者总是同时出现。有句古话："业精于勤，荒于嬉。"拖延和懒惰只会带你坠入贫穷的深渊。拖延的反面是什么？就是马上行动。所以，如果你有拖延的恶习，克服的方法只有一个，马上行动。

五是勤奋上进，努力苦干。

所有的工作没有捷径，只有苦干，书山有路勤为径，学海无涯苦作舟。学习是这样，工作同样是这样。99%的汗水加1%的灵感等于成功。今天，在工作中很少有人会告诉你要努力，只有自己不断提醒自己，要努力干，才能得到自己所想要的。所以不断提醒自己努力的人最终都成功了。即使不是百万富翁、千万富翁，他们的生活也都是富足的。吃得苦中苦，方为人上人。每一个人生下来都有千里马的潜质，但是需要在成长过程中慢慢地磨炼、挖掘、培养，才能成长为一匹真正的千里马。而另一些不愿意吃苦、没有毅力、不愿超越自我的，就成了扼杀自己潜质的"驽马"。不要怨自己的工作平淡无味，不要怨你的上司不赏识你，不要怨你的同事不认可你，因为你还没有足够的业绩和能力，因为你的努力还不够。那些还没有做多少工作就开始抱怨工作的人，永远不可能实现他们的理想，因为他们不想努力。

六是向优秀学习，培养责任感和道德感。

责任感和道德感对职场人具有深远的影响。有了责任感、道德感，我们在面对工作时会更加积极主动、认真负责、奋力开拓,就会尽自己最大的努力去出思路、出办法、出成绩。亲仁,就是要求我们向这些优秀的人学习,向技术高超的人学习,向高度负责的人学习,向道德高尚的人学习,让自己也越来越优秀。

不找借口,不避责任

亲仁,还有一个意思,就是要不断地完善自己,使自己越来越靠近"仁",倾向"仁",成为"仁",从而提升自己职业素质,成为最优秀的自己。因而我们要不断地克服自身的缺点,不断地完善自己,不断地向优秀进发,最终成就完美的自己。所以,不要让自己有任何借口,有任何怨言,不要让自己逃避责任,不求上进。

在职场中总有这样的员工,他们总爱找各种各样的理由来解释自己为什么做不到上司交办的事情,非常喜欢把工作中出现的困境归罪于别人。有些员工甚至在执行之前就已经准备好了借口,以备自己万一做不好时推卸责任。

霍琳在试用期第二周的星期一迟到了,尽管只有短短的5分钟,但要命的是,那天碰巧总经理到他们部门来谈事,刚进门霍琳就看见总经理与部门经理脸上情绪不明。自己犯了错误不说,在总经理面前让顶头上司没面子,霍琳别提多尴尬了。她没有跟两位领导说早上因有急事所以没赶上班车,自己花好几十块钱打车路上又塞车所以才迟到了的情况,而是勇敢地承认了自己的错误:"总经理、经理,我不想给自己找任何借口，无论如何，迟到都是我的错误，我保证今后绝不再犯。"

找借口是一种可悲的行为，是对恶劣的工作态度和不称职的工作能力的一种掩饰。这种员工总是能找到层出不穷的借口来为自己推脱。人人都会犯错误，试用期犯了错误不要紧（当然还是不犯为好），重要的是你对自己的错误是一个什么态度。如果你是因为业务不熟悉而犯错，除了承认之外，向你的部门领导或是"老同志"多多请教以免再犯就是最好的办法。千万不要犯了错误还要给自己找借口，那样人家就会怀疑你做人的品德了。

在职场中，一个优秀的员工应该做到不找借口而找方法。这是一种负责的、敬业的工作精神，一种主动的、有活力的工作态度，一种积极的、全力以赴的执行力。这是无数商业精英奉行的理念，是众多领导欣赏的素质——只为成功找方法，不为失败找借口。

无处不在的借口，成为某些人的氧气。借口是无底黑洞，它慢慢吞噬你积极的心态和行为。对于员工，借口会越来越好找，让你成为一根在公司混的老油条，借口会让你忘掉自己的责任，丢掉旺盛的上进心，怠慢对公司的忠诚，最后毫无斗志的你变成职场的弱者，牢牢地被压在困难的五指山下。

不找借口，是敢于承担责任，是忠诚和服从，它强调的是员工应该竭尽全力去完成任务，而不是推脱。只有这样，你才能迎接新的挑战、战胜这种挑战，你才能品味久违的成功。

但是，很多人已经习惯依赖借口，借口让他们浑浑噩噩，最终不可避免地走向被淘汰的命运。你可能只是个普通的员工，但只要用积极的态度对待每一件事，认真地找方法把每一件事情解决好，你就会因为在困难面前永不退缩、努力寻找解决方法而脱颖而出。没有任何借口，不只是做好本职工作的前提，更是每个人自身发展的需要。在工作中必然

第七章 亲仁：亲贤远小，维护正义

会遇到各种各样的问题，对此，往往有两种态度：一是找借口躲避；一是找方法解决。

真正优秀的员工从不屑于编借口，他们热爱动脑筋，遇事善找方法，也能承担起责任来。他们也许没有超凡的能力，但是有超凡的心态，他们能积极抓住机遇，创造机遇，而不是一遭遇困境就退避三舍，寻找借口。

张小姐毕业后的第一份工作，是为单位的老总做秘书。而她做好的绝不仅仅是本职工作而已。这位女老总患了一种慢性病，严重时会影响工作，张小姐便格外留心。

一天，她在上班路上发现一家大药店打出了广告，正好告知一种老总急需但各大药房都缺货的药来了，于是赶紧下车，将药买下。没想到这一耽搁，让从不迟到的她，晚到了20分钟。

正巧，老总急着找她要资料，对她的迟到很不客气地训斥了一通。那一瞬间，她很委屈，当即就想解释。但转念一想：不迟到是公司的规定，有什么理由不遵守呢？于是赶紧道歉，一如往常地处理业务。

下班了，她悄悄地将药放到老总的桌上，准备离开。老总发现了药，一下子反应过来了。当得知真实情况时，老总对自己早上的言行很内疚，问她："你为什么不早说呢？"她只是诚恳地说："您对我的批评是对的，不迟到是每个员工都应该遵守的规定。无论出于什么理由，我都不能找任何借口。"老总不禁对她刮目相看。不久后，又发生了一件事。

一天，老总请客户吃饭，叫她陪同并记录谈话要点。没想到结账时，老总竟然发现自己没带钱包，而她带的钱也不够。这下脸可丢大了。老总只好临时打电话叫一位部门经理赶过来结账，耽误了近一个小时。这次老总没有批评她，但是她却无法心安。她觉得作为秘书的自己，没有尽到应尽的责任。于是连夜写了一封检讨书，第二天一早交给老总，同时主动提出罚自己500元。此举大大出乎老总意料，但她说："这不是简单地向您道歉，而是从工作标准来要求自己。在这件事中，我想我有两个失误：第一，出门时应该提醒一下您是否带了钱；第二，自己应该预备一些钱，以免您疏忽。秘书的工作虽然琐碎，但是如果缺乏责任心，一出问题就可能是大问题。这次失误虽然没有造成什么大的损失，但是如果我放任自己，以后还有可能在工作中犯更大的错误，假如不对自己惩罚，怎么能更好地吸取教训呢？"老总大为感动，于是收下了这500元罚金，从此也给了她更大的信任和机会。

一次，公司要与海外机构进行战略合作，有关主管人员都觉得没有问题，老总也准备签字了。但是，她却经过反复研究，及时提醒老总，对方提供的合作条款中，隐藏着很大的问题。老总立即高度重视，果然发现了问题。她的这一把关举措，帮单位避免了一次巨大的损失。于是，她不仅受到老总的器重，也得到同事们的认可，并不断得到提拔。三年之后，这位才24岁的大学毕业生，成了该集团一家分公司的总经理。

现代社会竞争越来越激烈，面对生活中的坎坷和工作中的压力，很多人养成了逃避责任的习惯，其实，逃避是一种消极心态和没有勇气面对挑战的行为。事实上，越逃避就越躲不开失败的命运，越敢于迎头而上就越能品到成功的甘甜。

工作中，喜欢逃避的人屡见不鲜，然而逃避始终是件不光彩的事情。爱逃避者常常说"这不是我的错""我不是故意的""本来不会这样的，都怪……""没有人不让我这样做""这不是我干的"等。这些都是逃避的借口。逃避责任只能暂时脱身，很难在工作中获得好的业绩。凡是不愿意多承担责任的人要么就一辈子原地踏步，要么被别人踩在脚下，永远没有大事业。

员工在工作时，难免会出错，这可以得到上司的原谅，但是要为自己的过错承担责任，勇于承认自己的错误可以提高一个人的信誉，并且有助于自我完善。因此，在职场上，不要逃避责任。

对于大多数人而言，工作就意味着完成自己的分内事，然后心安理得地拿自己那份薪水，这种想法是不对的。因为，工作既是自己的谋生手段，也是个人对社会的一份责任。

一个人的工作做得好坏，最关键的一点就在于有没有责任感，是否认真履行了自己的责任。人的一生必须承担着各种各样的责任，社会的、家庭的、工作的、朋友的等。人不能逃避责任，对于自己应承担的责任要勇于承担，放弃自己应承担的责任时，就等于放弃了生活，也将被生活所放弃。责任可以使人坚强，责任可以发挥自己的潜能。能力，永远由责任来承载。

我们在工作中，就是要清醒、明确地认识到自己的职责，履行好自己的职责，发挥自己的能力，克服困难完成工作，认识到、了解到自己的责任，清楚自己的职责，并承担起自己所在工作岗位的责任，那么工作就由压迫式、被动，转化为积极主动，并享受工作带来的乐趣和取得成绩的快乐。

"责任重于泰山"，这是我们经常讲的一句话。每一个能够成功发展的优秀企业都非常强调责任的力量。可以说一个人的成功，与一个企业和公司的成功一样，都来自于他们追求卓越的精神和不断超越自身的努力。从某种意义上讲，责任，已经成为人的一种立足之本，成为企业求生存求发展的重要能力。一个人生活在这个社会上，即使是一个自由职业者，他也会和各种团队、组织和人员发生往来，在这个过程中，责任感是最基本的能力,如果你缺乏责任,组织不会聘用你,团队不会让你加盟,搭档不愿意与你共事,朋友不愿意与你往来,亲人不愿给你信任,你最终将被这个社会抛弃。在这个世界上,有才华的人太多,但是有才华又有责任的人却不多。只有责任和能力共有的职场人,才是企业公司发展最需要的人才。

第八章
余力学文：终身学习，不断进取

"学文"乃人的自身素养的升华，亦是企业发展的核心竞争力。《弟子规》中"余力学文"就是教导人们在做到孝、悌、谨、信、泛爱众、亲仁等德行的同时，要用功读书，不断充实自己，学文与力行真正地做到知行合一，提升自己的精神生活品质，推动人生不断精进、进取，直至成功。

学好《弟子规》 提升职业素养

空杯心态，从头学起

《论语》中说，"行有余力，则以学文"。"行"，是强调在做到前面所说的孝、悌、谨、信、泛爱众、亲仁等德行修炼的五桩事情后，还有多余的精力的话，就要用来学习文化知识。《弟子规》把它们一一分开阐述，是更具象化、细致化地指导弟子的日常修炼。其实前面这五桩事情都不离德行，彰显的是"德者，本也"，德行修炼是第一位的，才能、才艺是为德所用。若有"余力"，再"学文"。这并不是说"文"不重要，而是强调了德行更重要。如何用余力学文，三国时的董遇是一个良好的典范。

> 三国时期，魏国有一个人叫董遇。自幼生活贫苦，整天为了生活而奔波。但是他只要一有空闲时间，就坐下来读书学习，所以知识很渊博，人们很佩服他。名声也越来越大。附近的人纷纷前来求教，并问他是如何学习的。董遇告诉他们：冬者，岁之余；夜者，日之余；阴雨者，时之余。学习要利用三余，也就是三种空余时间：冬天是一年之余，晚上是一天之余，雨天是平日之余。人们听了，恍然大悟。原来就是要通过一切可以利用的时间来读书学习，以提高自己的水平。

对于如何学文，《弟子规》中开篇即说："不力行，但学文，长浮华，成何人。但力行，不学文，任己见，昧理真。"意思是不能身体力行孝、悌、谨、信、泛爱众、亲仁这些本分，一味死读书，纵然有些知识，也只是增长自己浮华不实的习气，变成一个不切实际的人，如此读书又有何用？反之，如果只是一味地做，不肯读书学习，就容易依着自己的偏见做事，蒙蔽了真理，也是不对的。读书学文，要抱有"空杯心态"，从头学起，打下扎实的功底才行。

特别是对于一个刚刚步入工作岗位的新人来讲，进入职场，就要从头学起适应新的工作和生活环境，这是一个至关重要的步骤。当然，大多数的人是有可能在较短的时间内适应新的工作及环境的，而对新进入职场的大学生来讲，他们就要拥有空杯心态，从头来学。

平心而论，除了呱呱坠地的婴孩儿，任何一个人都不能是白纸一张或纯粹彻底的"空杯"，都有过去的积累和所谓的经验，我们所说的"空杯心态"，是一种心态意识，并不是要一味否定过去，而是要怀着否定或者说放空过去的一种态度，去融入新的环境，对待新的工作、新的职场、新的事物。

> 南隐是日本的一位禅师。一天，一位当地的名人特地来向他问禅，名人喋喋不休，南隐则默默无语，只是以茶相待。他将茶水注入这位来宾的杯子，满了也不停下来，而是继续往里面倒。眼睁睁看着茶水不停地溢出杯外，名人着急地说："已经溢出来了，不要再倒了！"南隐说："你就像这只杯子一样，里面装满了自己的看法和想法。如果你不先把杯子空掉，叫我如何对你说禅呢？"
>
> 名人恍然大悟。

只有倒出你"杯子"中的水，才可以装进新的水，更不至于让原来"杯子"中的水发臭。我们来看这样一个已经成功的人，如果不敢或不能"空杯归零"，都极有可能陷入失败的境地。如果将自己放小，那么世界就会变大。当心中装满了自己，就不会有别人的地方，世界当然就会很小。而将自己放小，所有的人和事都能容下，世界自然就会变大。要做到这一点，就需要"倒空"自我，只有这样，才能实现更好的自我。

林语堂先生有过这样精辟的高论："人生在世，幼时认为什么都不懂，大学时以为什么都懂，毕业后才知道什么都不懂，中年又以为什么都懂，到晚年才觉悟一切都不懂。"

进入职场就是一个崭新的开始，也许意味着在进入职场之前，你所学的所有的东西可能都与现在的工作无关，你需要从零学起。在这个过程中，新人们往往会感受到巨大的心理压力，他们要学习的东西很多，要转变的东西同样很多。就拿大学生来讲，在步入职场之前，他们是学校里的学生，可以说他们生活在那个适合自己的小群体里，学校就是一个小社会。在这个小社会中，他们学习到了一些专业性的知识，但是谁也无法确保这些知识会适应大社会的需要。当大学生刚刚踏入职场的时候，他们很可能会用大学生的身份来暗示自己，自认为所学的东西足以应付刚刚接手的工作，却不料其实自己什么也不懂。这种心理落差自然而然会产生，从而也会影响到其对工作的态度。

因此，每一个踏入职场的人首先要学会的就是，放下自己曾经的所学，重新学习职场技巧，掌握新的工作技能，积累经验，突破自我。不管你之前有什么样的学习和工作经历，进入职场，就意味着挑战的来临，也就意味着你要从零开始。这就如同你站在起跑线上，要进行新一轮的赛跑一样，不管以前你取得了什么样的成绩，都与这次赛跑无关。所以说进入职场，就意味着要重新面对自己的人生，重新经营自己的事业。

在一所大学里，在期终考试的最后一天，一群大四的学生在教学楼的台阶上，正在讨论着几分钟后就要开始的考试，那

第八章 余力学文：终身学习，不断进取

是他们参加毕业典礼和工作之前的最后一次考试了。

很快话题就转变了，一些人谈论起他们现在已经找到的工作，另一些人则谈论着他们将会得到的工作。他们觉得经过四年的大学学习，自己已经完全准备好了，有能力去征服整个世界。

这场即将到来的测验并不让他们担心，因为教授说过，可以带任何他们想带的书或笔记，这样的考试又有什么难度呢？

考试时间到了，他们兴高采烈地冲进教室。教授把试卷分发下去，学生们开始答卷。考试结束了，但学生们身上的那些自信都没有了，他们的脸上被一种恐惧的表情所替代，没有一个人说话。

面对着一张张焦急的面孔，教授拿着试卷问道："完成五道题目的有多少？"没有一个回答之人。

"三道题？"

"两道题？"

仍然没有一个学生来应对，他们开始有些不安。

"那一道题呢？"应该有人完成一道题的，但是整个教室仍然是一片沉默。

教授放下试卷，继续说道："这正是我期望得到的结果，即使你们已经完成了四年专业的学习，但关于这项科目你们仍然有很多的东西还不知道，我想要你们留下这样一个深刻的印象。当然，这次考试与你们的毕业成绩无关，你们都会通过这个考试。"他又微笑着补充道："记住，即使你们现在已经大学毕业了，但你们的学习还只是刚刚开始。"

永远不要满足于已知的一切，要知道未知的事物总是多于已知的事物。在初入职场时做到好学不倦是容易的，不容易的是一直保持这种态度，即使你是一名老员工，甚至是一名好员工。浅尝辄止不可能学习到精髓，你必须深入下去，反复探求才行。

对于刚刚步入工作岗位的大学生来讲，他们在工作中，会按照自己学生时代的思想来办事情，但这种方式并不一定适用于职场实际工作中。

对于刚刚步入职场的新人来讲，不管是在思想上还是在具体的工作技巧和知识上，都需要保持空杯心态，一切从头学习。那么在从头学习这个过程中，职场人应该注意哪些方面呢？

第一，心态与行为要同时转变。心态转变，主要是指步入职场之前与参加工作后，所扮演角色的不同，心理上就应该有相应的转变。这意味着你能够适应工作的需要，做出正确的决策。心态转化的过程中，需要抛弃以往的思想，将自己置身到工作中，这样能够寻找到适合自己的方式和方法。行为转变，主要是指在做某件事情的时候一定要注重效率和结果。毕竟工作的最终目的就是追求结果。

第二，耐心和勤奋缺一不可。耐心，对于新步入职场的人来讲是十分重要的素质。不管是要从事什么样的工作，在刚刚步入职场的时候，一定要耐心去应对。如果不够耐心，你是学不到东西的。勤奋是每一个刚步入工作岗位的人都不可或缺的素质，不管是做什么工作，都要勤奋学习工作技能，主动多做工作，这样你会学到更多，也只有这样，你才能够很快地适应工作环境。

第三，虚心求教。初踏入职场总会遇到各种各样不懂的问题，仅靠书本上的理论知识根本不能有效解决问题，需要虚心向有经验的人请教学习，才能高效地解决问题。

第四，创新意识的培养。在学习的过程中，要不断强化自己的创新意识，以期为今后工作的顺利开展提供重要的支持和推动。

保持空杯心态，一切从头学起，是职场人的一种修行，是职场人有效开展工作的前提，对职场人的职业发展提供重要的理论支撑和前进动力。所以，广大职场人，尤其是初入职场的新人要学会拥有空杯心态，在职场工作的同时积极寻找适合自己学习的方式方法，一切从头学起，持之以恒，终会促使职业不断发展和进步。

 **读书有方，心到口到**

关于学习的方法，《弟子规》中也有具体的指导："读书法，有三到，心眼口，信皆要"。可见，在学习的过程中，口到与心到，两者是紧密相连、相辅相成的。毕竟，心到了，口到了，眼必然到了，"三到"是融为一体的。为了更好地立足职场、立足社会，每一个职场员工都应该注重加强对理论知识的学习，不断更新自身的职业理论知识水平。学习职业知识的方法很多，其中做到口到心到尤其重要。

南宋朱熹在《训学斋规》里指导学生说：凡读书……须要读得字字响亮，不可误一字，不可少一字，不可多一字，不可倒一字，不可牵强暗记，只是要多诵遍数，自然上口久远不忘。古人云："读书千遍其义自见。"谓读得熟则不待解说自晓其义也。余尝谓读书有三到，谓心到、眼到、口到。心不在此，则眼不看仔细，心眼既不专一，却只漫浪诵读，决不能记，记亦不能久也。三到之中心到最急。心既到矣，眼口岂不到乎？

朱熹说的"读书"指的是"朗读"，古人读书，重视朗读，朗读的好处多多自不必多说，眼看、嘴动、耳听、心记，多器官并用，效果自然很好。

鲁迅先生也有关于读书的心得，他说："读书要眼到、口到、心到、手到、脑到。"心到，指集中精力，全神贯注；眼到，指细心浏览，目光敏锐；口到，指诵读朗读，声情并茂；手到，指勤用笔墨，勤记笔记；脑到，指善于动脑，勤于思考。运用这种精神高度集中的读书方法，会使知识记得牢、用得好。

鲁迅先生将前人的一些读书经验加以归整，从而提炼出读书方法。其实每一位读书人都有自己的读书心得，但不管如何，这"三到"都是最有用的经验。

《弟子规》说的这三个要领，是读书的秘诀。这三个要领都要同时俱足，就是"心、眼、口"。但是我们看这三点，眼睛在看，口也在读，但是心如果没有专注在课业上，也是白看白读。所以即使"心、眼、口"这么重要，最主要的还是在于你的心。心如果没有专注，心有旁骛，心有挂碍，心里头想着其他的事情，这些都会妨碍我们读书学习的效果。

读书要专心一致，必定要三者到位，循序渐进。想在职场中取得真正长远的发展，每一个职场人都应该积极寻找适合自身职业成长的方法，凡事争取做到心到口到，这样一来，才可以在职场中立于不败之地。

在如今这个快速发展的时代，职场员工需要不断学习，自我充值，只有通过提升个人技能，提高个人的专业素养，才能增强自身的竞争力，才能在职场上更进一步。那么，广大职场人可以通过哪些渠道实现学习职业理论知识和技能的过程中做到"心到口到"呢？第一，利用公司内部的培训机制或参加企业单位安排的进修。第二，看书，书本是学习知识的最直接的来源。第三，参加讲座或交流会，有助于扩大交际

第八章 余力学文：终身学习，不断进取

圈，结识许多优秀的值得我们学习的职场人。总之，职场读书和学习要有要领，这个要领是"心、眼、口"。但是最重要的还是在于你的心，能这样专注地学习，再加上有坚定的信心，你读书就会读得很好，学习职场知识和技能也必将事半功倍。因为你心、眼、口俱到的话，在向比自己能力强的人学习时就会虚心、专心、走心，就会看到、见到、悟到，就会多思、多想、多问，就会取别人之长补自己之短，同时又以别人的过失为鉴，不重蹈别人的覆辙，这样怎么可能学不好呢？

职员小王是个刚毕业不久的大学生，社会经验少，业务不熟练，所幸她谦虚好学。尽管目前工作还不熟练，工作效率也不是很高，但她并不气馁，一直注意向身边每一个人学习。

一次她从饭店出来后打了一辆车说去机场，其实她去的是机场附近的一个小区。因为是个新兴的小区，一般人不知道。可是那个司机却说："你是不是要去某某小区啊？"小王当时就吃惊地瞪圆了眼睛，连问你怎么知道。那个司机表现得像个神探，给她推理说："我刚才看到你跟朋友道别，只是象征性地挥了挥手，看来你不是要出远门。一般人要是出差，都会有个行李箱，而你也没有，你的手里只拿着一份杂志，神情很悠闲，也不像是去接人。这么一分析，你去机场的可能性就不大，而那附近就那么一个小区，所以你只能是去那里了。"

小王非常佩服这个司机的职业水准，能够分析这么透彻，她想他一定是个很敬业的司机。果然，在接下来的聊天中，司机说自己因为爱动脑子，比较职业化，所以，收入比同行们都要高。

从司机身上，小王学到了什么是认真，什么是用心。在以后的工作中，她更加注意学习的方法，进步很快。

我们在向别人学习的过程中，不但要学习别人成功的经验，还要学习他人失败的教训。借鉴并吸取别人的教训，谨言慎行，就会少走许多弯路。

心到口到是职场人学习职场相关知识、技能和经验必不可少的方式方法，心到了，口到了，眼必然也就到了，心到口到眼到三者是辩证统一的关系。同时，职场人在职场学习和工作中应该时刻严格要求自己，真正做到"心、眼、口"三者的有机统一，才能不断地完善自己，充实自己，提升自己，不断增强自己的职场竞争力。

 学习有道，贵在以恒

学习贵在持之以恒，学习必须持之以恒。俗话说"水滴石穿""一口吃不成胖子"。只凭热情，三日打鱼，两日晒网是做不成任何事情的。《弟子规》一书中写道，"方读此，勿慕彼，此未终，彼勿起。宽为限，紧用功，工夫到，滞塞通"，告诉我们读书、学习要有恒心，有毅力，不可三心二意，朝秦暮楚。还要有次第，要会规划安排时间，即使在这个过程中遇到困难也要不断努力，持之以恒，最终会有所突破。

"人贵有志，学贵有恒。"这个道理是千百年来人类在实践中总结出来的，它深刻地阐明了做人最可贵的是有志向，做学问最难得的是持之以恒。

明代著名理学家胡居仁有副著名的自勉对联："苟有恒，何必三更眠五更起；最无益，莫过一日曝十日寒。"毛泽东在湖南第一师范学习期间，曾将此联改为"贵有恒，何须三更

第八章 余力学文：终身学习，不断进取

起五更眠；最无益，只怕一日曝十日寒"，借以自勉。无论改之前还是改之后，有一个中心意思始终没有变，那就是学习贵在有恒。

学习，一定要持之以恒，自始至终，绝不能半途而废。荀子云："锲而不舍，金石可镂，锲而舍之，朽木不折。"民间有句俗语："拳不离手，曲不离口；三天不练手生，三天不唱口生。"也是这个道理。

正所谓"一日学，一日功，一日不学十日空"。学习如逆水行舟，不进则退。抱着"用时再学习""临时抱佛脚"的态度，三天打鱼，两天晒网，仅仅有三分钟热血，是不行的。不抓紧学、经常学，观念就会逐渐落后，能力就会逐渐退化，就会被企业或是时代所抛弃。

学习是一个长期的过程，绝非一劳永逸，或者一时冲动，只有坚持、坚持、再坚持，持之以恒，才能有所成就。哪怕是每天进步一点点，每天学习一点点。原哈佛大学校长艾略特曾说："养成每天读10分钟书的习惯。这样每天10分钟，20年以后，你的知识水平一定前后判若两人，只要你所读的都是好的东西。"但关键在于，我们很多人都无法坚持这10分钟。一个毫无意义的理由，往往成为你行动的障碍，成为你通向成功中的陷阱。但是，如果我们可以超越自己，丢掉寻找理由的习惯，专心致力于自己的学习目标，也并不困难。一句话，只要自己愿意，没有人可以阻挡你。

戴安娜是美国的一位心理学家，同时也是《反离婚案例》的作者。让我们看看她是如何超越自己、重新开始学习、并走向成功的。

"多年前我大学毕业，受训成为老师。当时正巧加州教师供过于求，但我认为自己具有竞争能力。我已经在某学校完成了教学的两项规定。那里刚好有一个空缺的教师职位，虽然有

250个申请者,其中包括4个在该校实习的老师,但我相信这份工作非我莫属。

"经过行政人员、学生多次的面试,竞争者淘汰到只剩下两名,我是其中之一。现在我知道一定可以得到这个饭碗,因为已经过了那么多关了。

"然而我并没有得到,我失去了。当时的感觉很可怕,好像人生已经走到尽头。在过去的生活中,我几乎遇事都能成功,怎么可能没得到这份工作?我以后要做什么?

"我重回学校,打消了教书的念头,专心攻读心理学学位。最后,成为心理学家、作家,这证明我做对了。其实很多时候,我们的对手和敌人都是我们自己,只要战胜了自己,把学习当作自己的武器,学习、学习、再学习,成功就不可阻挡。"

学贵有恒,学习贵在坚持。不因逆境而退缩,不因成功而骄傲,坚持下去,成功就在眼前。永远不停地学习,通过自我学习挖掘自身的创造力,创造出人生的价值和幸福。《世界是平的》一书,已经告诉我们社会的发展已经趋于平坦化,未知的东西不是我们所能预测的。在以后的生活与工作中,我们还会遇到什么样的困难谁也无从知道,以后的"金饭碗""铁饭碗"也将不复存在,对于每个人来说,唯一能做的就是学习、学习、再学习。向成功者学习智慧,向失败者学习教训,向一切可以与可能学习,坚持不断地学习,持之以恒地学习。

在职场工作中,学习方法可谓是多种多样,不同的人也要采取不同的学习方法。一定要有自己的主见,通过实践总结出适合自己的学习方法,这样才能有收获。但是有一点是共同的,那就是持之以恒的学习态度。即使学习方法各异,但却要始终做到持之以恒。

在激烈的职场竞争中,想要晋职升薪,就必须保持旺盛持久的战斗力和竞争力,而持久的竞争力,来源于职场中不断的"充电"学习,

第八章 余力学文：终身学习，不断进取

但不要一味地盲目学习，要积极寻找适合的学习方法，努力做到持之以恒。当前，职场竞争越来越激烈，身处职场你不前进，就相当于后退。要想避免在职场中落伍，唯一的办法就是持之以恒地学习，多学几手，一专多能，唯有这样，才更有可能获得升职加薪机会的垂青。

天道酬勤，久久为功

《弟子规》中写道，"工夫到，滞塞通"，主张我们要勤奋学习，功夫到了，一切就会迎刃而解。这个"功夫"，就是日积月累练出来的，靠勤奋和汗水堆出来的。

自古勤为天下先，勤无难事，勤奋的人才会成功，也有人说勤能补拙是良训，有付出才有收获，做事要勤勤恳恳，需要有久久为功的执著精神，才能终有所成。

人们都说宋朝著名文学家苏轼天赋好，能"过目成诵"。其实并不如此，而是另有其奥秘的：一天，有位朋友去看他，等了好久，苏轼才出来会见。客人很不高兴。苏轼解释道："我正在抄《汉书》。"客人听了反而很不理解。凭苏轼的天赋和"过目成诵"的才能，还用得着抄书吗？苏轼说："我读《汉书》到现在已经抄上3遍了。第一遍每段抄3个字，第二遍每段抄两个字，现在只要抄一个字了。"客人疑信参半地挑了几个字一试，苏轼果然应声能背出有关段落，一字不差。苏轼的"过目成诵"原来是勤学苦练的结果。

苏轼不仅三抄《汉书》，其他如《史记》等几部数十万字的巨著，他也都是这样一遍又一遍地抄写的。苏轼称它为"迂钝之法"。

东晋著名的书法家王羲之刻苦练字，每天写完字总到一口池塘中洗砚台，天长日久，池塘里的水也因此变成墨黑的了。正因为日日勤练，天天苦学，他才成为"书圣"，成为光耀千古的大书法家。

由此可见，"勤"字是如何的重要，如果苏轼没有"迂钝之法"，王羲之没有勤奋之功，也就不会有历史上的大文豪和大书法家了。可见"勤"字是丰富自身的锦囊，更是成功的奠基石。"勤"就像一把钥匙，它可以打开知识的宝库，可以促进学业的发展，促进美好愿望的实现。所以要取得卓越的成就，光靠天资聪明是不可行的，最重要的是勤奋。

"天道酬勤"，这个成语的意思就是上天会按照每个人的付出给与勤奋的人们相应的酬劳。多一分耕耘，多一分收获，只要你付出了足够的努力，那么就算现在没有看到直接的收益，将来也一定会得到相应的回报。"天"指"上天"，"道"指"规律"，"天道"即"天意"，可以引申为客观的规律；"酬"可解释为"实现志愿"，即酬答、回报，"勤"为"勤奋"，就是说"天意厚报那些勤奋的人"，就是说勤奋的人会得到更多的回报。上天会实现勤劳的人的志愿。有耕耘就会有收获，我们只要不懈努力，最大限度的完善充实自己，千方百计的提高自己的竞争实力，就会有一个美好光明的未来。

学习最需要的就是勤奋，需要长期坚持，久久为功。只要坚持，即便天分再低，也一样能学有所成。这也是被无数前人验证过的真理。

曾国藩是中国历史上最有影响的人物之一，然而他的天赋

第八章 余力学文：终身学习，不断进取

却并不高。有一天他在家读书，对一篇文章重复不知道多少遍了，还在朗读，但是，他还没有背下来。这时候他家来了一个贼，潜伏在他的屋檐下，希望等读书人睡觉之后捞点好处。可是等啊等，就是不见他睡觉，还是翻来覆去地读那篇文章。贼人大怒，跳出来说："这种水平读什么书？"然后将那文章背诵一遍，扬长而去！贼人是很聪明，至少比曾国藩要聪明，但是他只能成为贼，而曾国藩却成为历史上有影响的一代名人。

"勤能补拙是良训，一分辛苦一分才。"真正的天才并不存在，世界公认的最聪明的天才发明家爱迪生也会感叹：天才就是1%的灵感加上99%的汗水。世界上所有的成就都是由勤奋而来的，从来没有例外。

职场上也是一样。天道酬勤，多一分耕耘，多一分收获，所以只要你付出了足够的努力，将来也一定会得到相应的收获。

有两个年轻人同在一家车行里工作，两个人关系很好，以兄弟相称。他们在这家车行已经做了两年了，每天除了修理汽车外什么事情也没有。哥哥总不肯闲着，他一会儿扫地，一会儿擦玻璃，有时还帮助别人干活儿。弟弟却不这么勤快，没有急活儿的时候他总是懒洋洋地躺着。

一天，车行里来了一位中年主顾，他说汽车出了点毛病，让他们给修理一下。弟弟刚刚吃完饭，正在休息呢，哪里肯好好干活。于是，哥哥走了过去，把弟弟手中的抹布接过来，给汽车做了检查。车子没什么大问题，就是很长时间没保养过了，于是他对那位先生说："您放心地交给我吧，车子明天一定能修好。"

客人听到这话，放心地走了。哥哥一刻不停地忙了起来，他不但修理好了汽车的毛病，还把汽车里里外外擦得一尘不

染。这时，躺在一旁的弟弟嘲笑他说："老兄，别太傻了，不该干的活儿也干了，那么勤快有什么用！"

哥哥却笑了笑说："反正我也没事做，擦擦车我并没有受损失呀，等明天顾客来取车时看到车子焕然一新心里一定很高兴。"

第二天，那个顾客来取车了，他看到修好的汽车后非常吃惊，连声感谢修车的哥哥，并对他说："我是一个大公司的董事长，你为我修车的这种勤快、细致、周到的精神，使我深受感动。我认为你是一个优秀的人，你愿意到我的公司去工作吗？"

哥哥的命运从此发生了改变，不久，经过努力他当上了这个公司的部门经理；而弟弟却仍然在车行里做着他觉得枯燥的工作。

勤奋，是一种积极向上的人生态度，是员工成才的必经之路，是一个职场团队生机与活力的集中体现。职场人若想成就一番事业，就必须具备勤奋的工作态度，天道酬勤；反之，没有勤奋的工作，再美好的愿望都会成为空谈。勤奋这种美德是永远不会过时的。哥哥的诚恳和默默无闻的劳动反而赢得了一个大公司董事长的赏识，比起弟弟的自作聪明，勤奋才是人生处世的大智慧。

勤奋工作是实现职业理想的基础，庸庸碌碌则会使人堕落退化。勤奋工作，可以让我们从中获得经验、知识和信心，还会给我们带来真正的乐趣，工作热情和决心显著提高，工作效率也就越高，可见工作给予我们的要比我们为之付出的更多。职场人如果将工作视为学习经验的机会，那每一项工作中都包含着许多个人成长的机会，比如发展自己的专业技能，增加自己的社会经验，提升自己的人格魅力。勤奋不是三分钟的热情，而是一种持之以恒的精神。对于职场员工来说，没有思考的"勤奋"称不上真正意义上的勤奋，他们取得的成就也将是有限的。要知道企业评价员工的标准不是勤奋与否,而是你的勤奋能否帮助工作更高效地完成。即使是一份简单的工作,也需要进行思考,并付诸努力,这是职场工作的真谛。

勤奋是成功的基础,一分耕耘一分收获,不劳而获是不可能的。在职场工作中,每一位职场人都要坚信天道酬勤的人生真理,努力学习,勤奋工作,久久为功,必将会使自己的职业发展之路熠熠生辉,也终将收获美好的事业。

认真踏实,不耻下问

学习的态度要认真踏实,多思多问。这是孔子教育子弟最重要的思想之一,也是《弟子规》中"余力学文"中倡导的学习态度。《弟子规》里说,"心有疑,随札记,就人问,求确义"就是一种认真而踏实的学习态度。这也是孔子一直竭力倡导并身体力行的学习态度。

在《论语·公冶长篇第五》,"子贡问曰:孔文子何以谓之文也?子曰:敏而好学,不耻下问,是以谓之文也"。孔文子是卫国的大夫,叫孔圉,他生前也做了一些不太光彩的事情,但是死后却得了一个谥号叫"文",这是一个尊称。子贡认为孔圉这个人的人品不足为道,为什么能够得到"文"这个谥号?所以他就问孔子,孔文子何以谓之文也?

孔子就为子贡解释为什么孔文子得到文这个谥号。他说,敏而好学、不耻下问这两条就让他有资格称为文了。因为谥为"文"的意思有:经纬天地曰文;道德博闻曰文;慈惠爱民曰文；愍民惠礼曰文；赐民爵位曰文；勤学好问曰文；博闻多见曰文；忠信接礼曰文；能定典礼曰文；经邦定誉曰文；敏而好学曰文；施而中礼曰文；修德来远曰文；刚柔相济曰文；修治班制曰文；德美才秀曰文；万邦为宪、帝德运广曰文；坚强不暴曰文；徽柔懿恭曰文；圣谟丕显曰文；化成天下曰文；纯穆不已曰文；克嗣徽音曰文；敬直慈惠曰文；与贤同升曰文；绍修圣绪曰文；声教四讫曰文。其中就有一条"勤学好问曰文"，所以孔子指出他"敏而好学、不耻下问"所以能谥为"文"。

敏就是敏捷，求学非常敏捷、勤学；不耻下问是他能够向比自己地位低，甚至智慧低、年龄低的人请问。一般人觉得下问是可耻的，但是孔文子能够不以为耻，可见他确实是很好学。所以孔子说，就在这一点上就能谥他为"文"了。可见得一个人能不耻下问、敏而好学，他就有所成就。孔子本人更是如此。

《论语·八佾》，"子入大庙，每事问"。孔子入太庙的时候，太庙是供奉祖先的地方，里面有很多祭祀的物品、器具等，孔子对于每一个地方这些器具该怎么摆，有什么讲究，都虚心向别人请教，就每事问。结果有人就说孔子不懂礼，在太庙里面为什么还每事问？大概他们认为孔子对太庙里的这些礼都不懂，所以他才去问。"子闻之，曰：是礼也"。孔子听到别人这个批评，心里很坦然，他说这就是礼，就是每事问也是礼。为什么？因为在太庙里面，确实它的礼仪是有复杂的地方，祭器该怎么摆，都不能够错误。错误了，就是对祖先的失敬。所

第八章　余力学文：终身学习，不断进取

以孔子进到太庙里，认认真真地事事请教，正是表示他对于祖先的恭敬。孔子不以为耻，知之为知之，不知为不知，不知道的就应该问。正是这种认真踏实、不耻下问的学习态度使他成为了千古以降第一大学问家。

在职场，同样需要认真踏实的学习态度。不要不懂装懂，不懂就向上司、老板、同事、客户学习，甚至向下属学习，向路上碰到的每一个人学习，不耻下问，求得确义，必然会天天进步。

那一年，谭叶青还是印刷业的新人，新到没有任何的工作经验，更不要说和印刷有关的技术。等谭叶青进了那间规模不小的印刷公司，他忍不住倒吸一口凉气：原来，他是公司唯一的高中学历的职员，其他大多是专科甚至本科学历拥有者。

老板要求谭叶青尽快熟悉印刷流程，如果三个月后还不能上机操作，那么就只能领试用期薪水走人。可是，老板并没为新人组织培训，而是让新人们不懂就问。谭叶青跟朋友说："可是，那些优秀的同事会教我吗？同事不就是竞争对手，竞争对手会帮助我成长吗？"

最初，谭叶青都不好意思开口请教，总是杵在一边傻傻地看。可是，同事们干得游刃有余，谭叶青愣是没看出一点道道，面对印刷机器总是束手无策。后来，想到自己的试用期越来越少了，如果再不抓紧学习就没饭碗了。于是，谭叶青很谦虚地向同事们请教，还请同事们去夜宵摊吃东西。

原来，那些同事并不像谭叶青想象中的难以相处，他们非常热情、耐心地教谭叶青操作机器，恨不得把毕生所学都拿出来分享。其中有同事还开玩笑说，"我们巴不得新人来学习，新人学会了，我们的工作负担就轻一些。另外，教新人本来就

是我们的职责，你们试用期学不会技术被炒，老板同样也会迁怒于我们。"

　　有人指导，谭叶青确实学得很快，试用期才两个月就能独立上机了，试用期后就获得了长期合同，并被老板委以重任。后来，谭叶青把不耻下问当做自己的职场信条，遇到职场上突如其来的难题，当靠自己的智慧难以解决时，他就会非常谦虚诚恳地向同事请教。

　　有一次，谭叶青在工作中遇到了个难题，而这刚好是新人小智最得心应手的。小智是公司的新人，个人能力出众、进步非常快，但是有点傲气。没想到，谭叶青想都没想，就非常谦逊地跟小智请教，同事们都说谭叶青找错了人，没准碰一鼻子灰回来。可是，事实并非如此，傲气的小智没想到"元老"谭叶青会不耻下问，非常友善地解答了谭叶青的疑惑。

　　多年以后，谭叶青已经成为这家印刷公司的副总，这对于学历最低、从业时间短的他来说是个奇迹。很多公司的新人问谭叶青说："谭总，您获得今时今日成绩最大的秘诀是什么？"谭叶青回答说："不耻下问，向职位比自己高或者低的同事请教，请教才是解惑最好的办法。如果一味地埋头摸索，不仅会降低工作效率，没准还会因拖延影响集体，惹得老板和同事都不高兴。"

　　古语有云，"三人行，必有我师焉"。一个人的所掌握的知识和拥有的能力都是有限的，在学习、工作和生活的过程中，我们会遇到一些比自己优秀的人，遇到一些不懂的事情，此刻就必须虚心向别人请教，切不要被自己所谓的虚荣心所蒙蔽。同样，在职场上，每一个职场人都不是全能的、无懈可击的，所以不如怀着一颗认真踏实、虚怀若谷、不耻下问的内心，虚心向同事们学习、询问。这不仅是促进职场人自身职业成长和发展的必然选择,而且是推进职场社会人际交往的重要途径,职场人也终将因其而受益终生。

认真踏实、不耻下问是每一位职场人都应具备的基本学习态度,也是应有的职业素养。时刻保持认真踏实的工作态度,培养不耻下问的谦逊精神,多思、多学、多问、多练,就可以在职场工作中收获上司、老板的赞誉和信赖,同事们的友谊和信任和客户的喜爱和满意,从而在职场道路上越走越好,越走越远。

举一反三,学以致用

学习的目的不是为了学习,而是为了应用。所谓"学以致用"才是中国人努力向学的目的。只会学不会用,等于白费力气,只会被人讥为"书呆子"。能学以致用、会活学活用,才最受人推崇。

> 子谓子贡曰:"女与回也孰愈?"对曰:"赐也何敢望回?回也闻一以知十,赐也闻一以知二。"子曰:"弗如也。吾与女弗如也。"孔子对子贡说:"你和颜回两个相比,谁更好一些呢?"子贡回答说:"我怎么敢和颜回相比呢?颜回他听到一件事就可以推知十件事;我呢,知道一件事,只能推知两件事。"孔子说:"是不如他呀,我和你都不如他啊。"

孔子很欣赏颜回,认为颜回能举一反三,活学活用,比子贡和自己都聪明。举一反三,是一种能力。一个人不可能学遍所有的知识和学问,但很多的事理是相通的,只要找到规律,便可以举一反三。有这种能力,学习起来必然事半功倍,轻松许多。

举一反三,"举一"是基础,"反三"才是关键。"反三"反得好不好,关键看思路。学会了一门知识,往往对学习新的知识产生积极的影响,甚至可以举一反三,触类旁通,这主要是学习迁移的关系。举一反三是人类进行创造性思维的重要途径和方式。只有真正把握了别人教给自己的东西能够举一反三地运用,才算真的学会了知识技能。否则别人的知识永远是别人的。

一座大山上面有两个寺院,他们不是同派别。每天早上,两个寺院分别派出一个小和尚到山下的市场买菜。因为他们两个总在同一个时间出门,所以总能碰面。两个人经常或明或暗地比试彼此的悟性。

一天,一个小和尚问另一个:"你到哪里去?"

"脚到哪里我就到哪里。"另一个回答。

问话的小和尚听他这样说,不知如何回答才好,站在那里无话可说,他回到寺院向师父请教,师父对他说:"下次你碰到他就用同样的话问他,如果他还是那样回答,你就说:'如果没有脚,你到哪里去?'这样就可以击败他了。"小和尚听完点头称是,高兴地走了。

第二天早上,他又遇到另外一个小和尚,满怀信心地问:"你到哪里去?"

没想到这次,这个小和尚回答说:"风往哪里去我往哪里去。"

提问的小和尚没料到他换了答案,一时语塞,又败下阵来。

小和尚回到寺院,将对方的回答再次报告给师父听,师父哭笑不得地说:"那你反问他'如果没有风,你到哪里去'

嘛，这是一个道理呀。"小和尚听了之后，暗暗立下决心，明天一定能够胜利。

第三天，他又遇到那个小和尚，于是问道："你到哪里去？"

"我到市场去。"另一个答道。

小和尚又一次无言以对。

他的师父听了之后，只能感叹："举一反三地'悟'才是真的'悟'啊。"

举一反三、学以致用，也是职场学习和应用的重要方法。举一反三，是衡量职场人工作灵活性和做事悟性的重要尺度；学以致用，是检验职场人学习效果和实践能力的重要标准。在职场中，能否做到举一反三、学以致用，决定着职场员工的思维层次和工作水平能否提升到一个新高度。

有一个事业成功人士告诉一个年轻人：穿着体面对一个人职业发展很重要，你应该买一套好西服。

于是这位年轻人买了一套好西服，又去买了一双好皮鞋，再去买了一件好衬衣，顺便去理发店做了一个新发型，完全改变了自己的形象，业绩大增。但这只不过是简单的举一反三。

这位年轻人从这个成功人士的话语猜到，也许一个人对外在的感知能帮助职业发展受益，所以他买了好看的西装、皮鞋、衬衣、领带，也做了一个新发型。同时他想到了更多，他增强了自己的职业礼仪、谈吐、演讲能力、手势、沟通的神态。他关注自己每次工作执行的结果，做到有公信力。他甚至开始琢磨如何多学一点专业外的知识，认识一些自己专业领域外的前辈，来扩展自己的综合知识面。后来年轻人学会把外在练到内在，然后再把内外结合起来，终于成就了一番事业。这才是到位的举一反三。

在职场中，如何才能真正做到举一反三呢？第一，要学会自我反思和自我总结。会总结工作的人，能够对事物的理解提高到一个新的层面上，能够具有一种深层的理性认识和知识转化的能力。在职场中，通过总结，总能够在工作经验中发现一些规律性的东西，从而达到举一反三的效果，提高工作效率，所以要学会不时地总结自己的工作。第二，培养创新意识。举一反三，在一定程度上是一种创造性思维策略，并非人人都有举一反三的思维，这主要是源于人们的创新意识。第三，坚持具体问题具体分析。在实际工作中正确地应用"举一反三"的认识方法必须从抓事物的本质入手，坚持具体问题具体分析的原则。

职场工作中不仅需要举一反三的学习意识，更需要学以致用。职场中，很多工作其实并非那般耗时，只是你不会用"捷径"。这里的捷径并非指投机取巧，而是指学以致用。事实上，职场上的很多知识其实都可以从其他公司、其他品牌、其他项目的经验中借鉴学习，这远比从头做起要高效得多。

知识只有接受实践的检验，才能成为真知灼见。知识在于应用。如果学而不会用，那么再好的知识也是一堆废物。宋代大诗人陆游有一句千古名言：纸上得来终觉浅，绝知此事要躬行。说的就是学以致用的重要性。正所谓：学而不能行，谓之病；不闻不若闻之，闻之不若见之，见之不若知之，知之不若行之。只学不用，犹如纸上谈兵，纵然胸中有千军万马，锦囊妙计，若没有付诸实践，一切就毫无意义。所以学的目的是用，把所学的知识运用起来，做一番大事，这才是真正学习的方法。

学以致用，学习的目的在于应用，在实际工作中，如何做到学用结合、互相促进呢？第一，要勤于学习。"立身百行，以学为基"，学习是提高素质、增长才干的重要途径,也是做好工作、干好事业的重要基础。工作要有原则性、系统性、预见性和创造性,坚持学以致用、用以促学、学用相长,切实把学习过程变为提高思想认识、解决实际问题、开拓工作局面的过程。第二,要用心工作。敬业者,专心致志以事其业者,一步一个脚印地把工作落到实处;工作思维和工作思路一定要坚持解放思想、实事求是、与时俱进,适应时代发展和实际工作的需要。第三,要脚踏实地。从自己做起,从身边做起,从点滴做起,克服心浮气躁、急功近利、好高骛远的不良倾向,兢兢业业、扎扎实实地做好每一项工作任务。

学和用两者同等重要,学是用的基础,用是理论学习的目的。实践是职场学习最好的课堂,是提高职场人能力的重要途径。通过"用"这个环节,我们可以学到许多书本上学不到的东西,包括思想性、经验性和规律性的收获。在工作中要学以致用,职场人首先要多学习、勤调研,善于将所学的理论知识运用到实践工作中,学以致用,以用促学,用中践学。

 终身学习,终身进取

《弟子规》中写道,"勿自暴,勿自弃,圣与贤,可驯致",强调学习要坚持到底,不自暴自弃,终身学习,不断进取,最终也会达到圣贤的境界。这是《弟子规》的最后一句,也是对学习的鼓励。

在风云变幻的时代里,学习就是时代的主题,顺应时代变革的唯一出路就是学习成长,在成长中进步、在进步中求发展。永不停下学习的脚步,才能永远进步。

1951年出生于广西的王石，1968年参军，1973年转业。转业后就职于郑州铁路水电段。1978年毕业于兰州铁道学院给排水专业，取得了本科学历。毕业后，先后供职于广州铁路局、广东省外经贸委、深圳市特区发展公司。1984年组建万科前身深圳现代科教仪器展销中心，任总经理。1988年起任股份化改组之万科董事长兼总经理。1999年起不再兼任公司总经理，现任万科董事会主席。

在2010年的年末，正当万科笼罩在"千亿"光环的时刻里，王石却对外届宣布，未来三年他将逐渐淡出公众视野，并计划在2011年到哈佛大学做一年访问学者，而后再到欧洲游学。这是王石给自己六十岁定的计划，他选择成为学者。他说："作为人生来讲，你一定是对自我的一个不满足、好奇、激情，你才会找到新的坐标。"2011年2月，王石悄然赴美，开始了他的哈佛游学生涯。

自1999年王石辞去万科总经理的职务以后，开始越来越多地玩登山、做形象大使、做公益，企业家的角色在他的身上越来越被"淡化"。只有学习，一直是王石最注重的。他曾经讲述过在哈佛的学习情况：因为英语基础差，突破语言关整整用了一个学期，这一个学期，他很少在2点钟之前睡觉，晚上要做作业，完成一天的功课，早晨课程8点钟，早上起来自己还做饭。不仅睡不好，而且睡不着。"第一学期感觉到脑袋累，我长这么大了，从来不知道什么叫脑袋累。就是感觉非常疲劳，但是你睡不着，你要说亢奋还不是那种亢奋，就是折磨得你脑袋里头乱七八糟的，就是睡不着觉，连续一段时间，你就怀疑你这样做值不值得，因为效果并不明显，不是一个礼拜一个长进。"但他最终坚持下来了。

第八章 余力学文：终身学习，不断进取

他在2011年1月25日的微博中这样写道："人的存在可以没有意义，但人可以在存在中自我造就，活得精彩。人需要不断发展自身、更新自身，而不应该被任何本质或性格所预设。过去20多年，创业、探险，正是一条努力摆脱预定、自我造就精彩的不确定轨迹。"他的哈佛求学，当然也是他造就精彩的重要一步了。

那些卓越的人物，永远都不会停下进取的脚步。他们时刻都有一种危机感，不进步和原地踏步的结果只有一个，就是被淘汰。只有不断提高自己的能力，才能不断跟上时代的脚步，成为精英中的精英。他们不会急于求成，而是脚踏实地，每天学习一点点，每天进步一点点，让自己每天都在进步。因为他们深知，一旦停步，就会退步。

张超和王强就读于同一所大学，毕业后两人被分配到同一家公司上班。刚进入公司的两个小伙子在工作上都表现得非常好。领导安排的工作积极认真地完成，遇到不懂的事情向同事请教，不会的工作，向同事学习。同事和领导对这两个刚出校门的大学生都称赞有加。

一转眼两年过去了，但两人的前途却大相径庭：张超在这两年下班后从没放松过学习，管理学、创新学、营销学，都有涉猎，并对管理学知识有独到的研究。王强却并没有这样，他觉得在大学里学习的那几年已经把他累得够呛，好不容易工作了，每天下班回家只想好好休息一下，哪还有闲功夫去学这学那的，有一份工作就得了。结果在2008年金融危机期间，公司大裁员，张超万万没有想到自己就是被裁掉的员工之一。更没想到是，王强不但没有被裁掉，还成为了公司中层管理人员。

张超明白了，王强能继续留在公司那是他自己努力学习的结果。而自己贪图安逸，不思进取，已经被时代拉开了两年的距离。张超决定振作起来，改变自己。后来，张超重新找到了一份工作，并养成了学习的习惯，生怕跟不上时代的步伐。

知识日新月异。如果你想仅凭着在大学里学到的那些知识而立足于社会的话，那是绝对不可能的。今天你能跟上时代的脚步，明天你能跟上时代的脚步，谁能保证后天你还能满足工作的需求。时不待人，时代在进步，无论你现在能力是多么出众，工作多么优秀，不学习的结果就是被飞速变化的社会和时代淘汰。作为一名员工，不论工作多忙，也要抽时间充电，找机会学习，时刻都有一种危机感和紧迫感，居安思危，不断学习。

职场人只有树立终身学习的理念，才能在职场中不断进取。"进取"，"进"是一种前进的动力，人们只有不断地进步，不断地学习，才能不断地提升自己的能力，让自己在工作中无往不利；"取"是指获取，只是在获取之前，需要你先有所付出，天下没有免费的午餐，有付出才会有收获，只有通过终身学习才能实现终身进取的目标。

所以，不管你有多能干，你曾经把工作完成得多么出色，要是没有终身学习的心态，不断追寻各个领域的新知识以及不断开发自己的创造力，你终将丧失生存能力。所谓"不进则退"，没有人会等待你成长，要想使自己立足于职场，就必须有一种"终身学习"的心态。

小刘是一个从农村走出来的大学生，凭借着刻苦学习的精神，获得了一个名牌大学机械制造专业的学位证。当年小刘考上大学时，全村人都把小刘当成了自己孩子的典范。小刘也为自己能考上一所名牌大学而骄傲。如今，小刘毕业了，他顺利地在北京找到了自己的位置，在一家汽车制造企业做工程师，薪水也颇为丰厚。

但是，工作了两三年后，小刘渐渐开始变得自满起来，工作的干劲少了，学习新知识、新技术的热情也没了，每天只是很被动地完成工作，日子也就这样一天天过着。就在这个时候，公司招了一批新人，其中一个硕士学历的年轻小伙子被分到了自己的部门。一年后，论专业技术，这个新人丝毫不比小刘差，而且他还考到了高级工程师的证书，论工作干劲和学习热情，这个小伙子绝对是更胜一筹。

小刘也感到了竞争压力在逐步加大，但是很难再迎头赶上了，上司越来越器重这个年轻人，最后小刘被迫辞职了。

古人云：吾生而有涯，而知也无涯。当今时代，世界在飞速变化，新情况、新问题层出不穷，知识更新的速度大大加快，职场人要适应不断变化和发展的社会，就必须把学习从单纯的求知变为工作的重要方式，努力做到终身学习。

因此，为了跟得上快速变化的时代，职场人必须保持警觉，渴望职场成功的人必须确定自己的领域是什么，应该学习些什么。人才处于不断更新的过程中，而学习则是防止人才折旧的最好方法。也许今天的你还是驰骋职场的风云人物，没准明天你的步伐就会因为无法跟上瞬息万变的时代而惨遭职场淘汰。身处职场，终身学习、终身进取应该是每一位职场人一生不懈的追求目标。

古人说："学不可以已。"学习是伴随人一生的功课，每个人都应天天学习、处处学习、终身学习，学知识、学做人，学新的观念、新的技能。唯有不停地学习，才能不断完善自己各方面的能力，才能使自己成为能独当一面的人；才能适应日新月异的发展，才不会被时代淘汰，才能在激烈的竞争中立于不败之地。唯有不停地学习,才会天天进步;唯有永不停下学习的脚步,才能保证永远进步,保证自己越来越自信、越来越有经验、越来越有技巧、越来越专业、越来越博学、能力越来越高、实力越来越雄厚、竞争力越来越强大、个人价值越来越大,最终成为一个优秀的人,一个成功的人,一个卓越的人,一个永远引领历史潮流、永远站在时代前列的人!

附　录

1.《弟子规》原文

总　叙

弟子规	圣人训	首孝悌	次谨信	泛爱众	而亲仁	有余力	则学文	

入则孝

父母呼	应勿缓	父母命	行勿懒	父母教	须敬听	父母责	须顺承
冬则温	夏则凊	晨则省	昏则定	出必告	反必面	居有常	业无变
事虽小	勿擅为	苟擅为	子道亏	物虽小	勿私藏	苟私藏	亲心伤
亲所好	力为具	亲所恶	谨为去	身有伤	贻亲忧	德有伤	贻亲羞
亲爱我	孝何难	亲憎我	孝方贤	亲有过	谏使更	怡吾色	柔吾声
谏不入	悦复谏	号泣随	挞无怨	亲有疾	药先尝	昼夜侍	不离床
丧三年	常悲咽	居处变	酒肉绝	丧尽礼	祭尽诚	事死者	如事生

出则悌

兄道友	弟道恭	兄弟睦	孝在中	财物轻	怨何生	言语忍	忿自泯
或饮食	或坐走	长者先	幼者后	长呼人	即代叫	人不在	己即到
称尊长	勿呼名	对尊长	勿见能	路遇长	疾趋揖	长无言	退恭立
骑下马	乘下车	过犹待	百步余	长者立	幼勿坐	长者坐	命乃坐
尊长前	声要低	低不闻	却非宜	进必趋	退必迟	问起对	视勿移
事诸父	如事父	事诸兄	如事兄				

谨

朝起早	夜眠迟	老易至	惜此时	晨必盥	兼漱口	便溺回	辄净手

冠必正	纽必结	袜与履	俱紧切	置冠服	有定位	勿乱顿	致污秽
衣贵洁	不贵华	上循分	下称家	对饮食	勿拣择	食适可	勿过则
年方少	勿饮酒	饮酒醉	最为丑	步从容	立端正	揖深圆	拜恭敬
勿践阈	勿跛倚	勿箕踞	勿摇髀	缓揭帘	勿有声	宽转弯	勿触棱
执虚器	如执盈	入虚室	如有人	事勿忙	忙多错	勿畏难	勿轻略
斗闹场	绝勿近	邪僻事	绝勿问	将入门	问孰存	将上堂	声必扬
人问谁	对以名	吾与我	不分明	用人物	须明求	倘不问	即为偷
借人物	及时还	后有急	借不难				

信

凡出言	信为先	诈与妄	奚可焉	话说多	不如少	惟其是	勿佞巧
奸巧语	秽污词	市井气	切戒之	见未真	勿轻言	知未的	勿轻传
事非宜	勿轻诺	苟轻诺	进退错	凡道字	重且舒	勿急疾	勿模糊
彼说长	此说短	不关己	莫闲管	见人善	即思齐	纵去远	以渐跻
见人恶	即内省	有则改	无加警	唯德学	唯才艺	不如人	当自砺
若衣服	若饮食	不如人	勿生戚	闻过怒	闻誉乐	损友来	益友却
闻誉恐	闻过欣	直谅士	渐相亲	无心非	名为错	有心非	名为恶
过能改	归于无	倘掩饰	增一辜				

泛爱众

凡是人	皆须爱	天同覆	地同载	行高者	名自高	人所重	非貌高
才大者	望自大	人所服	非言大	己有能	勿自私	人所能	勿轻訾
勿谄富	勿骄贫	勿厌故	勿喜新	人不闲	勿事搅	人不安	勿话扰
人有短	切莫揭	人有私	切莫说	道人善	即是善	人知之	愈思勉
扬人恶	即是恶	疾之甚	祸且作	善相劝	德皆建	过不规	道两亏
凡取与	贵分晓	与宜多	取宜少	将加人	先问己	己不欲	即速已
恩欲报	怨欲忘	报怨短	报恩长	待婢仆	身贵端	虽贵端	慈而宽
势服人	心不然	理服人	方无言				

亲 仁

| 同是人 | 类不齐 | 流俗众 | 仁者希 | 果仁者 | 人多畏 | 言不讳 | 色不媚 |
| 能亲仁 | 无限好 | 德日进 | 过日少 | 不亲仁 | 无限害 | 小人进 | 百事坏 |

余力学文

不力行	但学文	长浮华	成何人	但力行	不学文	任已见	昧理真
读书法	有三到	心眼口	信皆要	方读此	勿慕彼	此未终	彼勿起
宽为限	紧用功	工夫到	滞塞通	心有疑	随札记	就人问	求确义
房室清	墙壁净	几案洁	笔砚正	墨磨偏	心不端	字不敬	心先病
列典籍	有定处	读看毕	还原处	虽有急	卷束齐	有缺坏	就补之
非圣书	屏勿视	蔽聪明	坏心志	勿自暴	勿自弃	圣与贤	可驯致

2.《弟子规》文白对照及释义

一、总叙

《弟子规》原名《训蒙文》，是清朝康熙年间秀才李毓秀所作，后经清朝贾存仁修订，改名为《弟子规》。弟子就是学生的意思，规就是规范。《弟子规》是依据至圣先师孔子的教诲而编成的生活规范，它规定了学生主修的六门课和辅修的一门课。首先在日常生活中，要做到孝顺父母，友爱兄弟姐妹。其次在一切日常生活中行为要小心谨慎，言语要讲信用。和大众相处要平等博爱，并且亲近有仁德的人，向他学习，这些都是很重要非做不可的事。如果做了之后，还有多余的时间精力，就应该好好地学习六艺等其他有益的学问。

【原文】弟子规　圣人训　首孝悌　次谨信

【释义】弟子规，是圣人的教诲。首先要孝敬父母、友爱兄弟姊妹，其次要谨言慎行、讲求信用。

【原文】泛爱众　而亲仁　有余力　则学文

【释义】博爱大众，亲近有仁德的人。有多余的时间和精力，学习有益的学问。

二、入则孝

入指在家。孝是善事父母,就是在家要善事父母,要孝顺父母。百善孝当先。善事,一个是心,一个是侍。心即是心里面念念不忘父母对我们的养育之恩,侍即是念念都要照顾到父母。我们能以这样的心去做,就是善事父母,这是做人的根本。

【原文】 父母呼　应勿缓　父母命　行勿懒

【释义】 父母呼唤,应及时应答,不要拖延迟缓;父母交代的事情,要立刻动身去做,不可拖延或推辞偷懒。

【原文】 父母教　须敬听　父母责　须顺承

【释义】 父母的教诲,应该恭敬地聆听;做错了事,受到父母的教育和责备时,应当虚心接受,不可强词夺理。

【原文】 冬则温　夏则凊（qìng 清凉）　晨则省（xǐng 请安）　昏则定

【释义】 冬天寒冷时提前为父母温暖被窝,夏天酷热时提前帮父母把床铺扇凉;早晨起床后,先探望父母,向父母请安;晚上伺候父母就寝后,才能入睡。

【原文】 出必告　反必面　居有常　业无变

【释义】 出门时告诉父母去向,返家后,面告父母报平安;起居作息,要有规律;做事有常规,不要任意改变,以免父母忧虑。

【原文】 事虽小　勿擅为　苟擅为　子道亏

【释义】 事情虽小,也不要擅自作主和行动;擅自行动造成错误,让父母担忧,有失做子女的本分。

【原文】 物虽小　勿私藏　苟私藏　亲心伤

【释义】 公物虽小,也不要私自占为己有;如果私藏公物,缺失品德,就会让父母伤心。

【原文】 亲所好　力为具　亲所恶　谨为去

附 录

【释义】父母喜欢的事情，应该全力去做；父母厌恶的事情，要小心谨慎不要去做（包括自己的坏习惯）。

【原文】身有伤　贻（yí留下）亲忧　德有伤　贻亲羞

【释义】自己的身体受到伤害，父母就会忧虑；做出伤风败德的事，父母亲就会蒙受羞辱。

【原文】亲爱我　孝何难　亲憎我　孝方贤

【释义】父母喜爱我们的时候，孝顺不是困难的事情；父母不喜欢我们或管教过于严厉的时候，孝顺父母才是难能可贵。

【原文】亲有过　谏（jiàn）使更（gēng）　怡（yí愉快）吾色　柔吾声

【释义】父母有过错的时候，应小心劝导他们改正过错；劝导时要和颜悦色、语气柔和。

【原文】谏不入（nà通"纳"）　悦复谏　号（háo）泣随　挞（tà）无怨

【释义】如果父母不接受子女的规劝，等到父母高兴的时候，再次规劝；甚至哭泣请求，也要恳求父母改过；纵然遭遇到父母的责打，也无怨无悔，不怨恨父母。

【原文】亲有疾　药先尝　昼夜侍　不离床

【释义】父母亲生病时，要替父母先尝药的冷热和安全；要昼夜服侍，一时不离开父母床前。

【原文】丧三年　常悲咽　居处变　酒肉绝

【释义】父母去世之后，守孝三年，经常追思、感怀父母的养育之恩；生活起居，戒酒戒肉。

【原文】丧尽礼　祭尽诚　事死者　如事生

【释义】办理父母的丧事要合乎礼节，不可铺张浪费；祭奠父母要诚心诚意；对待去世的父母，要像生前一样恭敬。

三、出则悌

出是指出了家门在社会、在单位、在人群中，悌是指兄弟的关系，原意是敬爱兄长，引申为在外面对待他人也要像在家对待兄弟一样，恭敬和睦，顺长敬上，这样就能很好地与人相处。

【原文】兄道友　弟道恭　兄弟睦　孝在中

【释义】兄长要友爱弟妹，弟妹要恭敬兄长；兄弟姊妹能和睦相处，父母欢喜，孝道就在其中了。

【原文】财物轻　怨何生　言语忍　忿自泯（mǐn 消失）

【释义】轻财重义，怨恨就无从生起；言语上包容忍让，忿怒自然消失。

【原文】或饮食　或坐走　长者先　幼者后

【释义】饮食用餐，就座行走；长者优先，幼者在后。

【原文】长呼人　即代叫　人不在　己即到

【释义】长辈呼唤别人，应代为传唤和转告；如果那个人不在，前去转告。

【原文】称尊长　勿呼名　对尊长　勿现能

【释义】称呼尊者长辈，不可以直呼姓名；在尊长面前，谦虚有礼，不可炫耀自己的才能。

【原文】路遇长　疾趋（qū 小步快跑）揖（yī，作揖施礼）　长无言　退恭立

【释义】路上遇见长辈，应恭敬问好；长辈没有说话时，应退后恭敬站立一旁，等待长辈离去。

【原文】骑下马　乘下车　过犹待　百步余

【释义】骑马或乘车，遇见长辈，应下马或下车问候；等待长者离开百步之远，方可续行。

【原文】长者立　幼勿坐　长者坐　命乃坐

【释义】长辈站立时，晚辈不可先行就座；长辈坐定以后，吩咐坐

下才可以坐。

【原文】尊长前　声要低　低不闻　却非宜

【释义】在尊长面前说话，要低声细气；声音太低而听不清楚，也不合适。

【原文】进必趋　退必迟　问起对　视勿移

【释义】到尊长面前，应快步向前；退回去时，稍慢一些才合礼节；长辈问话时，应当注视聆听，不可以东张西望。

【原文】事诸父　如事父　事诸兄　如事兄

【释义】对待别人的父辈，要如同对待自己的父亲一般孝顺恭敬；对待别人的兄长，如同对待自己的兄长一样友爱尊敬。

四、谨

谨是指我们行为上要谨慎，不可以放逸，要谦虚谨慎，不骄不躁。

【原文】朝起早　夜眠迟　老易至　惜此时

【释义】早上要比长辈起得早，晚上要比长辈睡得晚；人生易老，珍惜时光。

【原文】晨必盥（guàn，洗脸修饰）　兼漱口　便溺回　辄（zhé 就）净手

【释义】早晨起床，务必洗脸梳妆、刷牙漱口；大小便后，马上洗手。

【原文】冠必正　纽必结　袜与履　俱紧切

【释义】穿戴仪容整洁，扣好衣服纽扣；袜子穿平整，鞋带应系紧。

【原文】置冠服　有定位　勿乱顿　致污秽

【释义】放置衣服时，要有固定的位置；衣物不要乱放，避免造成脏乱。

【原文】衣贵洁　不贵华　上循份　下称家

【释义】服装贵在整洁，不在华丽；穿着上要根据自己的身份，与

家庭的情况相称。

【原文】对饮食　勿拣择　食适可　勿过则

【释义】对待饮食，不要挑食偏食；饮食适量，不要过少过量。

【原文】年方少　勿饮酒　饮酒醉　最为丑

【释义】少年未成，不可饮酒；酒醉之态，最为丑陋。

【原文】步从容　立端正　揖深圆　拜恭敬

【释义】走路步伐从容稳重，站立要端正；上门拜访他人时，拱手鞠躬，真诚恭敬。

【原文】勿践阈（yù 门坎）　勿跛倚（yǐ 靠）　勿箕踞（jī jù 张腿而坐）　勿摇髀（bì）

【释义】进门时不要踩在门槛上，站立不要歪斜倚靠；坐的时候不可以伸出两腿，那是不敬的姿势，腿不可抖动，不可摇来摇去。

【原文】缓揭帘　勿有声　宽转弯　勿触棱

【释义】进入房间时，揭帘子、开关门的动作轻缓，不要发出声响；在室内行走，宽处转弯，不要撞到物品的棱角，以免受伤。

【原文】执虚器　如执盈　入虚室　如有人

【释义】拿着空的器具，要像里面装满东西一样，小心谨慎以防跌倒或打破；进入无人的房间，也要像有人在一样，不可以随便。

【原文】事勿忙　忙多错　勿畏难　勿轻略

【释义】做事不要慌慌张张，忙中容易出错；不要畏惧困难，不可草率行事。

【原文】斗闹场　绝勿近　邪僻事　绝勿问

【释义】打斗、赌博、色情等不良场所，绝对不要接近；对邪恶的事情，不要好奇过问。

【原文】将入门　问孰存　将上堂　声必扬

【释义】将要入门之前，应先问："有人在吗？"进入客厅之前，应先提高声音，让屋里的人知道有人来了。

【原文】人问谁　对以名　吾与我　不分明

【释义】屋里的人问："是谁呀?",应该回答名字;若回答："是我",让人无法分辨是谁。

【原文】用人物　须明求　倘不问　即为偷

【释义】借用别人的物品,要明着向人请求、征得同意;没有征得同意,擅自取用是偷窃行为。

【原文】借人物　及时还　后有急　借不难

【释义】借人物品,及时归还;以后若有急用,再借不难。

五、信

信是指要言而有信,信用是成功阶梯的第一步。人无信则不立,讲信用是一个人为人处世最基本的德行。

【原文】凡出言　信为先　诈与妄　奚(xī 怎么)可焉

【释义】开口说话,诚信为先;开口允诺前,要先考虑自己能不能做得到,如果没有把握做到就不要承诺,欺骗和胡言乱语,是绝对不可以的。

【原文】话说多　不如少　惟其是　勿佞巧

【释义】话多不如话少;说话事实求是,不要妄言取巧。

【原文】奸巧语　秽污(huì wū)词　市井气　切戒之

【释义】尖酸刻薄的话,下流的脏话,阿谀奉承之类小市民习气都要彻底革除。

【原文】见未真　勿轻言　知未的(dí 确实)　勿轻传

【释义】没有得知真相之前,不要轻易发表意见;不知道真相的传言,所知未确实时,也不可轻易传扬出去。

【原文】事非宜　勿轻诺　苟轻诺　进退错

【释义】对不合理的要求,不要轻易答应;如果轻易答应,就会使自己进退两难。

【原文】凡道字　重且舒　勿急疾　勿模糊

【释义】说话时吐字清楚,语速缓慢;说话不要太快、吐字模糊不清。

【原文】彼说长　此说短　不关己　莫闲管

【释义】不要当面说别人的长处,背后说别人的长短;不关自己的是非,不要无事生非。

【原文】见人善　即思齐　纵去远　以渐跻(jī登,上升)

【释义】看见他人的善举,要立即学习看齐;纵然能力相差很远,也要努力去做,逐渐赶上。

【原文】见人恶　即内省(xǐng)　有则改　无加警

【释义】看见别人的缺点或不良行为,要反省自己;有则改之,无则加以警惕。

【原文】唯德学　唯才艺　不如人　当自砺

【释义】唯有品德才学可以与人相比,不如别人,应当自我激励,修养德才。

【原文】若衣服　若饮食　不如人　勿生戚(qī,忧伤)

【释义】若是穿着饮食不如他人,不要攀比忧伤或生气。

【原文】闻过怒　闻誉乐　损友来　益友却

【释义】　如果听到别人的批评就生气,听到别人的称赞就欢喜,坏朋友就会来找你,良朋益友就会离你而去。

【原文】闻誉恐　闻过欣　直谅士　渐相亲

【释义】听到他人的称赞,唯恐过誉;听到别人的批评,欣然接受,良师益友就会渐渐和你亲近。

【原文】无心非　名为错　有心非　名为恶

【释义】不是有心故意做错的,称为过错;若是明知故犯的,便是罪恶。

【原文】过能改　归于无　倘掩饰　增一辜(gū罪过)

【释义】知错改过,错误就会消失;如果犯了错误而故意掩饰,那就罪加一等了。

六、泛爱众

泛爱就是博爱，就是与朋友在一起相处，要讲平等博爱。这是指交友。爱人者，人恒爱之。有博爱之心，就能受到大家的欢迎。

【原文】凡是人　皆须爱　天同覆　地同载

【释义】凡是人类，皆须相亲相爱；因为同顶一片天，同住地球上。

【原文】行高者　名自高　人所重　非貌高

【释义】德行高尚者，名声自然崇高；人们敬重他，并非他的容貌外表好。

【原文】才大者　望自大　人所服　非言大

【释义】大德大才者，威望自然高大；人们佩服他，并非他会说大话。

【原文】己有能　勿自私　人所能　勿轻訾（zǐ 毁谤）

【释义】自己有能力，不要自私自利，要多帮助别人；他人有能力，不要嫉妒毁谤，应当欣赏学习。

【原文】勿谄富　勿骄贫　勿厌故　勿喜新

【释义】不要献媚巴结富有的人，也不要在穷人面前骄傲自大；不要喜新厌旧。

【原文】人不闲　勿事搅　人不安　勿话扰

【释义】别人正在忙碌，不要去打扰；别人心情不好，不要用闲言闲语去打扰。

【原文】人有短　切莫揭　人有私　切莫说

【释义】别人有短处，切记不要去揭短；别人自私自利，切记不要去评说。

【原文】道人善　即是善　人知之　愈思勉

【释义】赞美他人的善行就是行善；别人听到你的称赞，就会更加勉励行善。

【原文】 扬人恶 即是恶 疾之甚 祸且作

【释义】 宣扬他人的恶行,就是在做恶事;对别人过分指责批评,会给自己招来灾祸。

【原文】 善相劝 德皆建 过不规 道两亏

【释义】 互相劝善,德才共修;有错不能互相规劝,两个人的品德都会亏欠。

【原文】 凡取与 贵分晓 与宜多 取宜少

【释义】 取得或给予财物,贵在分明,该取则取,该予则予;给予宜多,取得宜少。

【原文】 将加人 先问己 己不欲 即速已

【释义】 要求别人做的事情,先反省问自己愿不愿意做,自己不愿意做的事情,应立刻停止要求,不要强求别人去做。

【原文】 恩欲报 怨欲忘 报怨短 报恩长

【释义】 报答别人的恩情,忘记对别人的怨恨;应该短期抱怨、长期报恩。

【原文】 待婢仆 身贵端 虽贵端 慈而宽

【释义】 对待婢女和仆人,自己要品行端正、以身作则;虽然品行端正很重要,但是仁慈宽厚更可贵。

【原文】 势服人 心不然 理服人 方无言

【释义】 仗势逼迫别人服从,对方难免口服心不服;以理服人,别人才会心悦诚服。

七、而亲仁

亲是亲近,仁者是指有道德、有学问的人,就是要亲近仁者;以师事之,要跟他学。这是讲择师。仁者无敌。

【原文】 同是人 类不齐 流俗众 仁者稀

【释义】 同样是人,善恶正邪,心智高低,良莠不齐;流于世俗的人众多,仁义博爱的人稀少。

【原文】果仁者　人多畏　言不讳　色不媚

【释义】如果有一位仁德的人出现,大家自然敬畏他;他直言不讳,不会察色献媚。

【原文】能亲仁　无限好　德日进　过日少

【释义】能够亲近有仁德的人,向他学习,是无限好的事情;他会使我们的德行与日俱增,过错逐日减少。

【原文】不亲仁　无限害　小人进　百事坏

【释义】不肯亲近仁义君子,就会有无穷的祸害;奸邪小人就会趁虚而入,影响我们,导致整个人生的失败。

八、余力学文

文指六艺等其它有益的学问,就是指弟子除了上面主修的这些德行课程之外,还有多余的时间精力,就要好好的学习六艺等其它有益的学问。这是辅修的课。

【原文】不力行　但学文　长浮华　成何人

【释义】不能身体力行入则孝、出则悌、谨而信、泛爱众、而亲仁,纵有知识,也只是增长自己华而不实的习气,变成一个不切实际的人。

【原文】但力行　不学文　任己见　昧（mèi 糊涂）理真

【释义】只是身体力行,不肯读书学习,就容易依着自己的偏见做事,也会看不到真理。

【原文】读书法　有三到　心眼口　信皆要

【释义】读书的方法有三到:眼到、口到、心到,三者缺一不可。

【原文】方读此　勿慕彼　此未终　彼勿起

【释义】做学问要专一,不能一门学问没搞懂,又想搞其他学问。

【原文】宽为限　紧用功　功夫到　滞塞通

【释义】读书计划要有宽限,用功要加紧;用功到了,学问就通了。

【原文】 心有疑　随札记　就人问　求确义

【释义】 不懂的问题，记下笔记，就向良师益友请教，求得正确答案。

【原文】 房室清　墙壁净　几案洁　笔砚正

【释义】 房间整洁，墙壁干净，书桌清洁，笔墨整齐。

【原文】 墨磨偏　心不端　字不敬　心先病

【释义】 墨磨偏了，心思不正，写字就不工整，心绪就不好了。

【原文】 列典籍　有定处　读看毕　还原处

【释义】 书籍应排列整齐，放在固定的位置，读完之后，放归原处。

【原文】 虽有急　卷束齐　有缺坏　就补之

【释义】 虽有急事，也要把书本收好再离开，有缺损就要修补。

【原文】 非圣书　屏（bǐng 通"摒"）勿视　蔽聪明　坏心志

【释义】 不良书刊，摒弃不看，以免蒙蔽智慧和坏了心志。

【原文】 勿自暴　勿自弃　圣与贤　可驯（xùn 驯服）致

【释义】 遇到挫折，不要自暴自弃，通过身体力行圣贤的训诫，努力进取，就可以达到圣贤的境界。